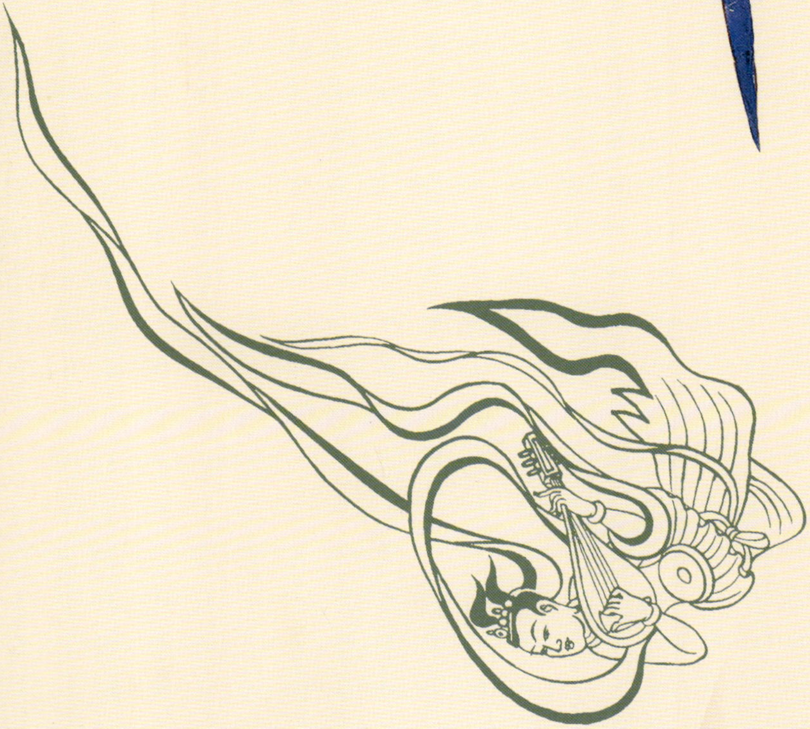

走！去

敦煌探窟

东方博观 主编　曾孜荣　汤梦焯 著

中国出版集团
東方出版中心

图书在版编目（CIP）数据

走！去敦煌探窟 / 东方博观主编；曾孜荣，汤梦焯著. -- 上海：东方出版中心，2024. 10. -- ISBN 978-7-5473-2546-9

Ⅰ. K879.21-49

中国国家版本馆 CIP 数据核字第 2024SG4023 号

走！去敦煌探窟

主　　编　东方博观
著　　者　曾孜荣
　　　　　汤梦焯
策划统筹　范　斐
责任编辑　范　斐
营销发行　柴清泉
　　　　　周　然
责任校对　温宝旭
特邀校对　孔维珉
装帧设计　张丽颖
手绘插图　张丽颖

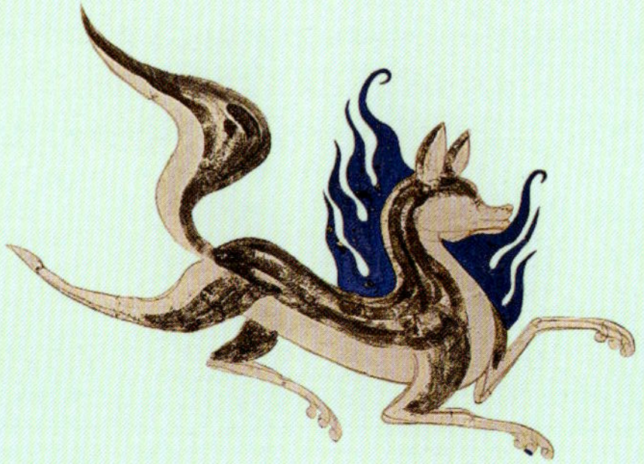

出 版 人　陈义望
出版发行　东方出版中心
地　　址　上海市仙霞路 345 号
邮政编码　200336
电　　话　021-62417400
印 刷 者　天津裕同印刷有限公司

开　　本　889mm × 1194mm　1/16
印　　张　17
字　　数　260 千字
版　　次　2024 年 10 月第 1 版
印　　次　2024 年 10 月第 1 次印刷
定　　价　168.00 元

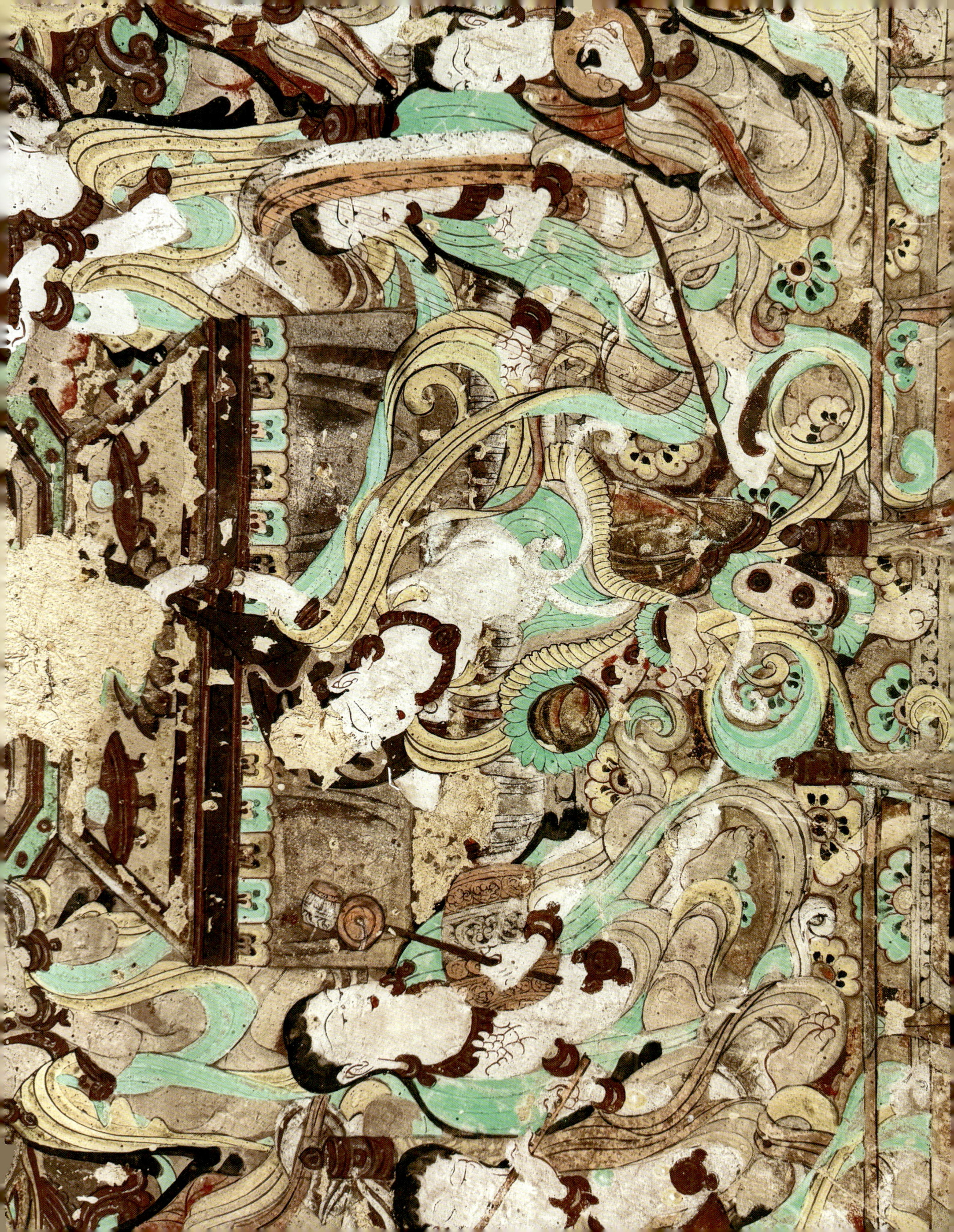

永远的敦煌

当我翻开这本书，仿佛又回到了那片令我魂牵梦绕的土地——永远的敦煌。

我与敦煌的缘分，自幼年便已结下。1937年，我跟随父亲常书鸿，从生活优越的法国回到祖国，起因是父亲在塞纳河边的旧书摊上无意间翻到了一套六本的《敦煌石窟图录》。那是法国汉学家伯希和的书，其中的壁画和塑像的照片令父亲大为震惊。正是因为这套书，父亲下决心要离开巴黎，回国寻访敦煌石窟。

我永远不会忘记初到敦煌时吃的第一顿饭——一碗白水煮面条，调料只有盐和醋。当时的我还天真地问父亲怎么没有肉或蔬菜。那里物质匮乏、环境恶劣，常年受到沙尘和大风的侵扰，但敦煌，却以另一种方式滋养着我。父亲总是兴致勃勃地带我和母亲去莫高窟。冰冻的大泉河西岸，凿在长长的崖壁上、蜂房般密密麻麻的洞窟规模浩大，因为风沙侵蚀、年久失修显得破败不堪，像穿了一件破破烂烂的衣裳。然而，走进洞窟，眼前竟是一座座流光溢彩的殿堂。父亲讲故事吸引我和母亲，告诉我们这里为什么是彩塑不是石雕，介绍各个不同时期的壁画故事……父亲最常对我说的是："沙娜，不要忘记你是敦煌人。"

当我拿到这本书的时候，儿时跟随父亲探窟的感觉又回来了——在洞口射进的阳光的照耀下，里面有那么多从未见过的壁画、彩塑，铺天盖地，绚丽缤纷。在一个个明明暗暗的洞窟里走进走出，就像游走在变幻莫测的梦境里，冥冥之中指引着我追随父亲的脚步，将毕生心血献予敦煌，让更多人看见敦煌、了解敦煌。愿《走！去敦煌探窟》这位向导，带更多人走进洞窟，走近敦煌。

常沙娜

永远的"敦煌少女"

敦煌艺术和工艺美术设计研究专家

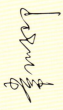

目录

世界上历史悠久、地域广阔、自成体系、影响深远的文化体系只有四个：
中国、印度、希腊、伊斯兰，再没有第五个；
而这四个文化体系汇流的地方只有一个，
就是中国的敦煌和新疆地区。

——季羡林

敦煌简史

穿越丝绸之路
探索敦煌石窟

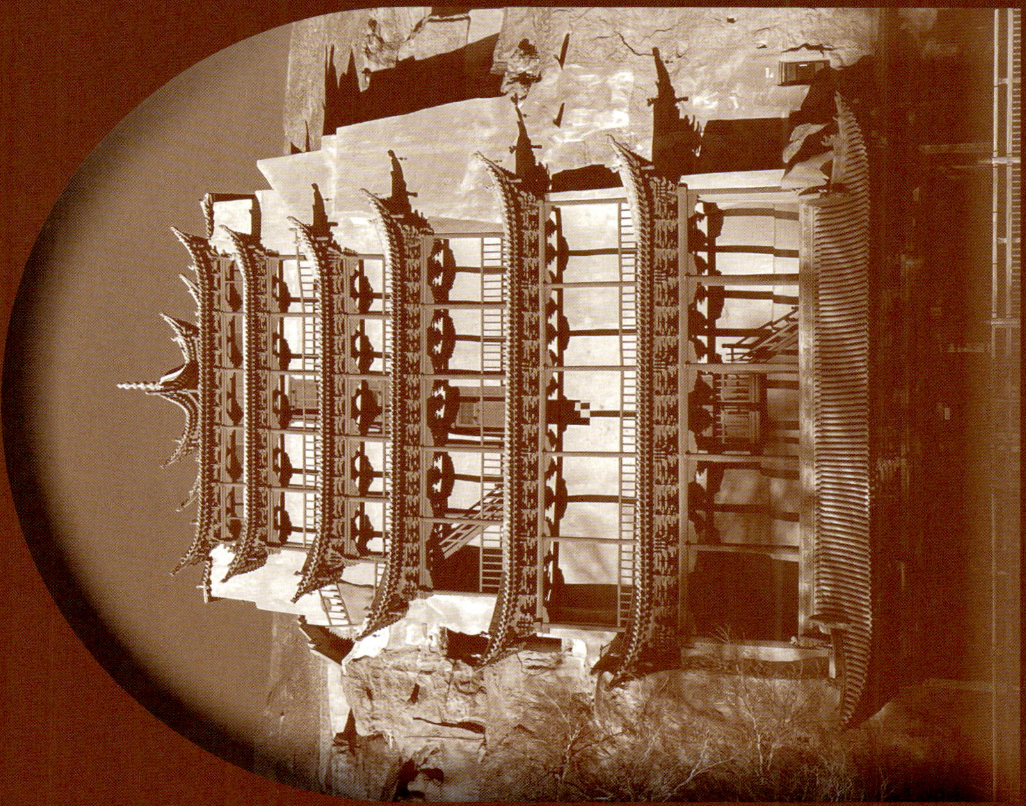

敦煌莫高窟九层楼

亚历山大大帝
自西向东

在遥远的公元前336年，一个风云突变的时刻降临——马其顿王国的国王腓力二世，这位雄踞一方的霸主，被波斯帝国派出的刺客暗杀。他的猝然离世，在历史的长河中掀起了惊涛骇浪。国不可一日无主，他的儿子继承了王位。这位年轻的继承者，彼时不过是个刚满20岁的男子，他受教于古希腊著名的哲学家亚里士多德，后来被世人称作亚历山大大帝——一个注定在历史画卷上留下浓墨重彩的名字。

即位两年后，怀着对父亲的思念与复仇的怒火，同时也为了完成父亲开疆扩土的遗愿，他毅然率领着马其顿军团，踏上了东征波斯的路途。在伊苏斯之战中，亚历山大大帝与波斯国王展开了一场惊心动魄的大战。最终，胜利的天平倾向了亚历山大一方。经此一役，人类历史上曾经辉煌无比、横跨欧亚非三洲的波斯帝国分崩离析。亚历山大大帝不仅将希腊全境纳入了统治版图，更是几乎全盘继承了波斯帝国那横跨欧亚非三洲的辽阔疆土。随着马其顿军团在东征西战中不断取得胜利，源自西方的文化艺术也一路向东传播。古希腊和波斯风格的艺术基因，吹拂到了帕米尔高原脚下的犍陀罗（今巴基斯坦北部及其毗连的阿富汗东部一带），开始生根发芽。

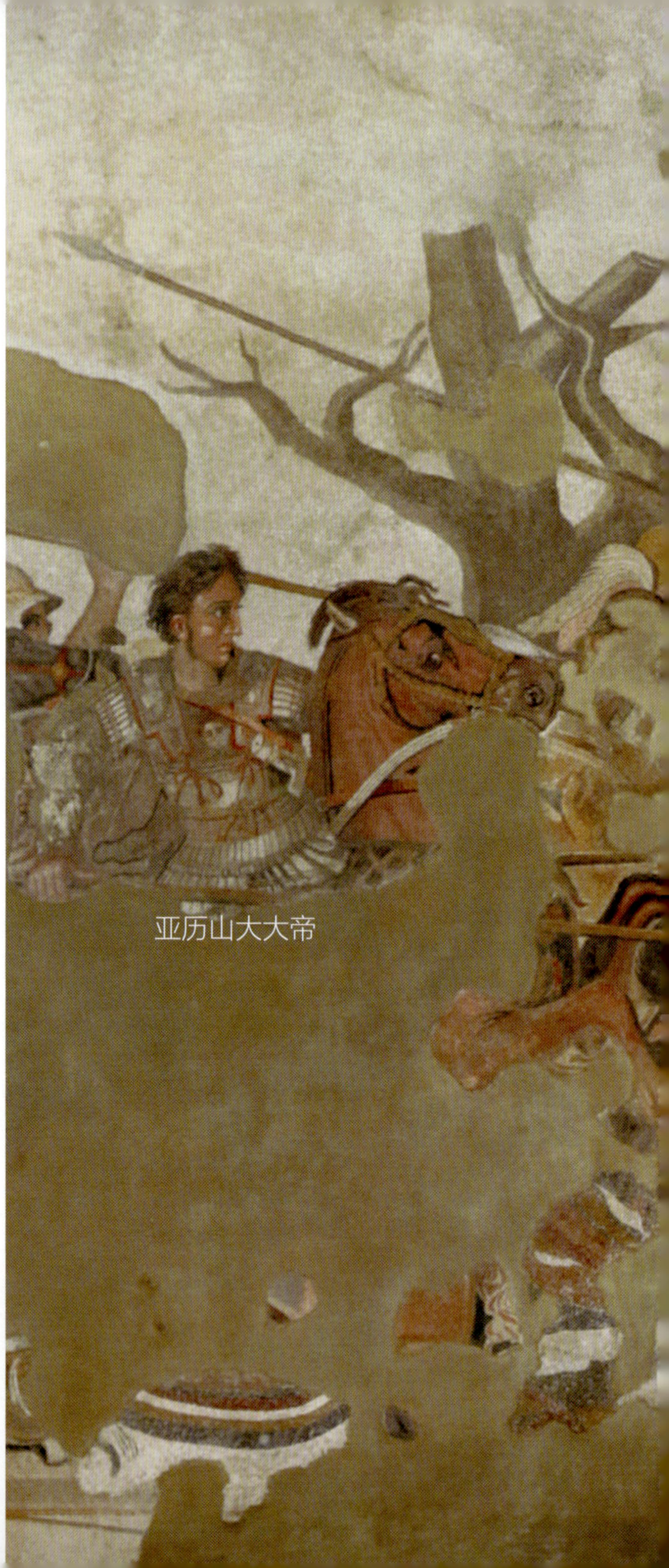

亚历山大大帝

● 伊苏斯之战（庞贝古城遗址出土的镶嵌画）

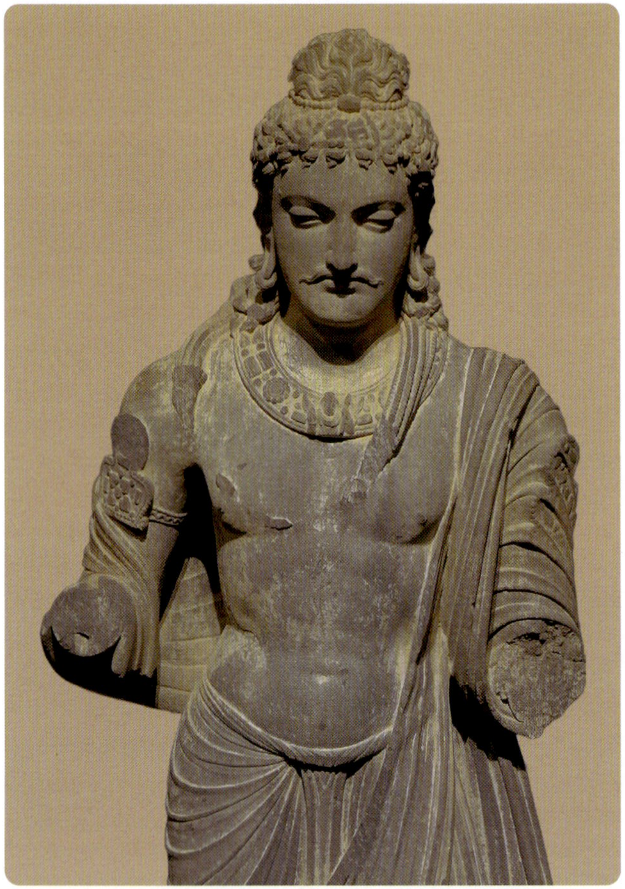

● 犍陀罗的希腊式佛像雕塑：波浪式的发型

● 新疆：克孜尔石窟造像

● 甘肃：敦煌石窟造像

随着犍陀罗的雕刻家们参照希腊、罗马的神像造型广泛创作佛像，逐渐形成了“犍陀罗风格”。沿着丝绸之路的传播，“犍陀罗风格”对中国境内的早期佛教雕塑艺术产生了深远影响。我们耳熟能详的“舍身饲虎”“割肉贸鸽”等故事，无一不是发生在犍陀罗这片充满传奇色彩的地方。仔细端详上图这尊犍陀罗的希腊式佛像雕塑，波浪式的发型和高挺的鼻梁彰显着古希腊人的特征，嘴角的八字胡则有着古印度人的特征，流畅的衣褶包裹着雄健的肌肉，仿佛一位古典美男子从艺术殿堂中走了出来。

● 甘肃：麦积山石窟造像

● 山西：云冈石窟造像

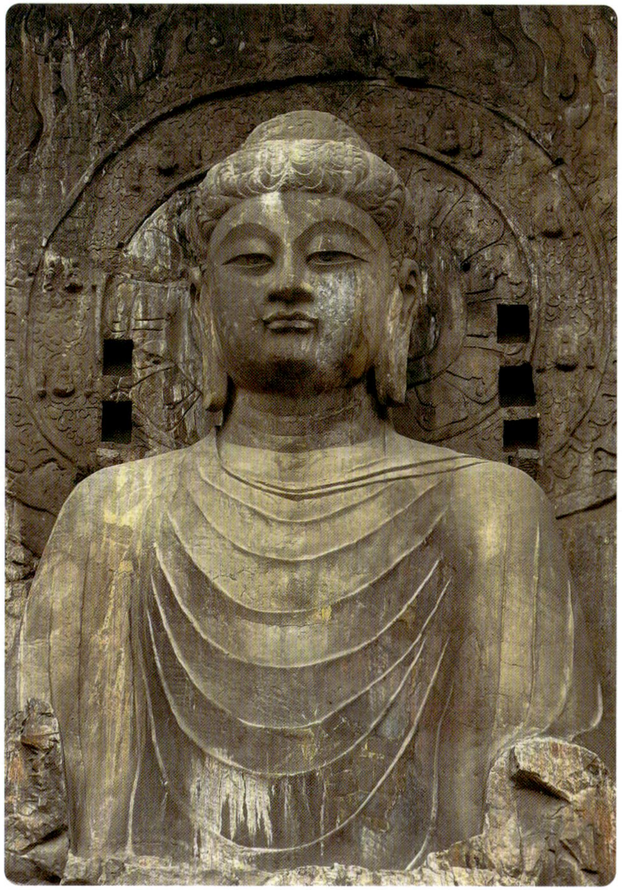

● 河南：龙门石窟造像

此后，犍陀罗艺术跨过沙漠和戈壁、雪山与河流，一路向东，进入了中国北方的新疆地区、甘肃的河西走廊、山西的大同，甚至抵达了中原腹地河南。在传播的过程中，犍陀罗艺术不断地与中国本土艺术交流融合，结出了累累硕果，包括克孜尔石窟、敦煌石窟、麦积山石窟、云冈石窟和龙门石窟。

汉武大帝
自东向西

公元前 138 年，汉武帝首次派遣张骞出使西域。公元前 119 年，张骞再次出使西域，自此开辟了以长安为起点，经河西走廊到中亚、西亚，乃至地中海各国的通道……到了 1877 年，德国地理学家李希霍芬（Richthofen）在《中国》这本书中，将张骞出使西域开辟的这条通道称为“丝绸之路”。

敦煌正好是丝绸之路上中原与西域的连接点。一出敦煌，玉门关、阳关以西有无尽的高山与荒漠，无尽的野兽与强盗，无尽的饥渴与病痛，可以说是九死一生。“劝君更尽一杯酒，西出阳关无故人”“羌笛何须怨杨柳，春风不度玉门关”等诗句无不描写了这条往来西域必经之路的艰险。因此，自古以来有无数的丝路商人和官绅们供养工匠与画师来此开凿石窟、描绘壁画，祈祷或感谢神灵的护佑。

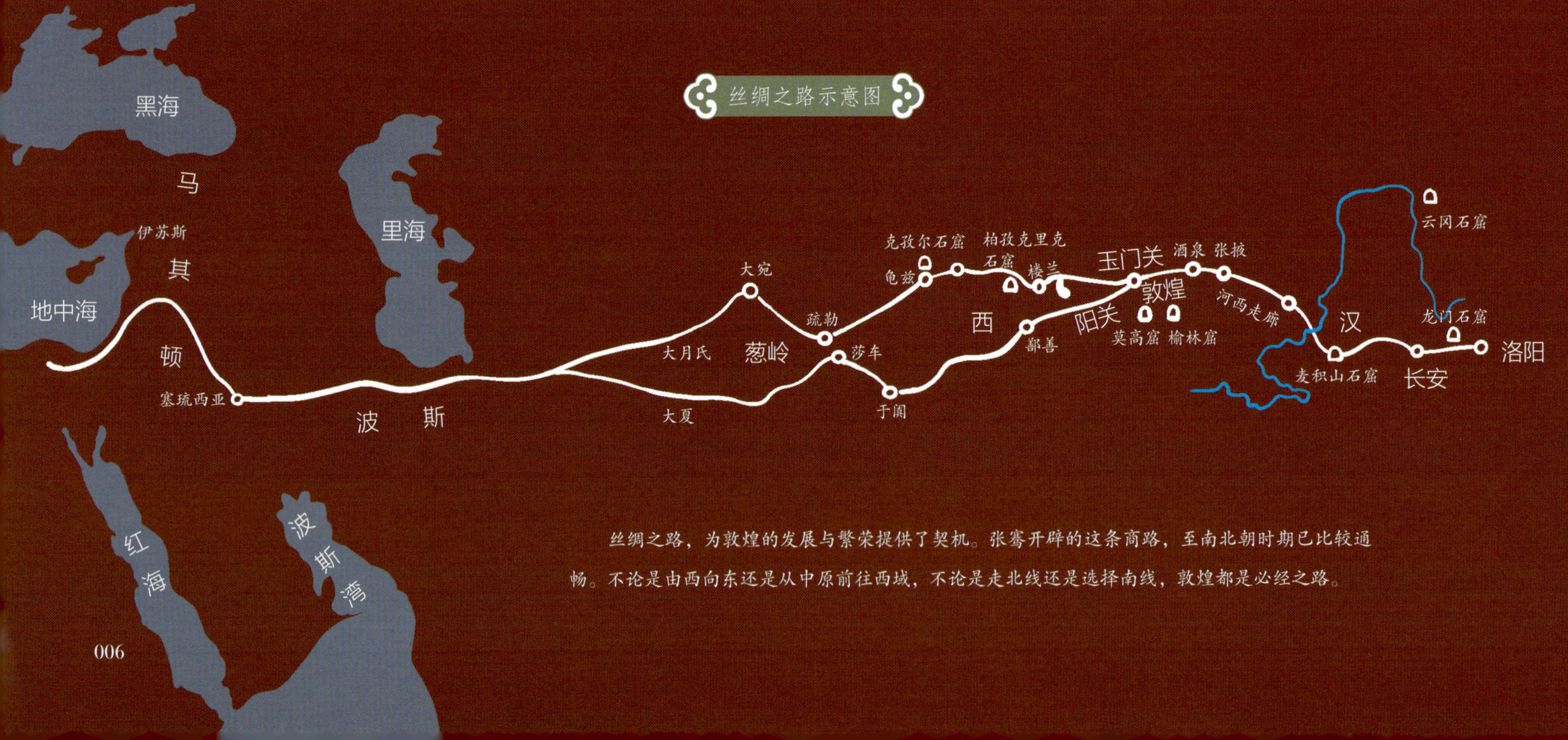

丝绸之路，为敦煌的发展与繁荣提供了契机。张骞开辟的这条商路，至南北朝时期已比较通畅。不论是由西向东还是从中原前往西域，不论是走北线还是选择南线，敦煌都是必经之路。

城内西域风格的佛塔
（窣堵坡）

城外两名僧人迎接

张骞一行翻山越岭

张骞一行执使节

张骞拜别汉武帝，
出使西域，联合大
月氏攻击匈奴。

●（初唐）莫高窟第 323 窟局部——张骞出使西域

千年敦煌

探窟之旅

敦煌的第一个石窟是如何出现的？这还要从一个传奇的故事说起。

公元366年，那时正处于十六国的前秦时期。一位法名乐僔的行脚僧人在云游途中来到了敦煌附近。他偶然望见鸣沙山上闪耀着夺目的金光，仿佛有千佛显现在光芒之中。这神奇而震撼的一幕深深触动了乐僔，在他心中，此地毫无疑问就是“圣地”！随后，他请来工匠在山崖边开凿了第一个洞窟，在其中打坐修行。

自乐僔之后，一代又一代的僧人、商队、官绅等供养人持续不断地在此地修建洞窟。就这样，三危山侧，鸣沙山畔，大泉河谷的石壁上出现了越来越多的洞窟。历经十六国北凉、北朝北魏、北朝西魏、北朝北周、隋、唐、五代、北宋、回鹘、西夏、元等十一个朝代和历史时期的精心兴建，前后延续千年，逐渐形成了规模庞大的千佛洞——也就是莫高窟。如今的敦煌石窟，涵盖了莫高窟及其附近的榆林窟、西千佛洞、东千佛洞等八区，是世界上现存规模最大、内容最为丰富多元的石窟。

千年来，在这条往来中原和西域的丝绸之路上，工匠和画师们凭借着自身对佛经故事的独特理解以及丰富的想象来展开创作。虽然在最开始的时候，他们所有人无一例外都受到了犍陀罗艺术的显著影响。然而，

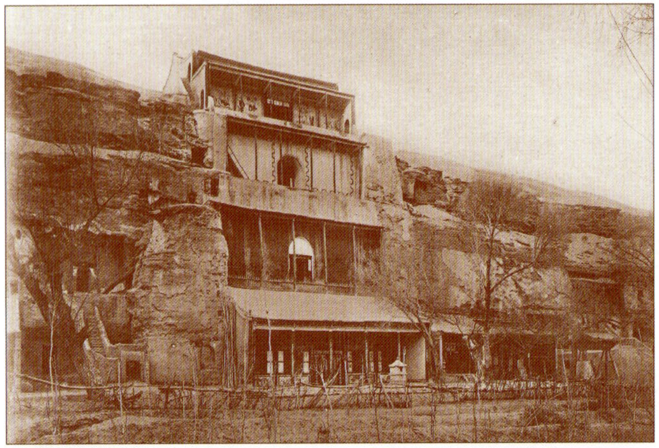

● 莫高窟外景　老照片

● 莫高窟外景

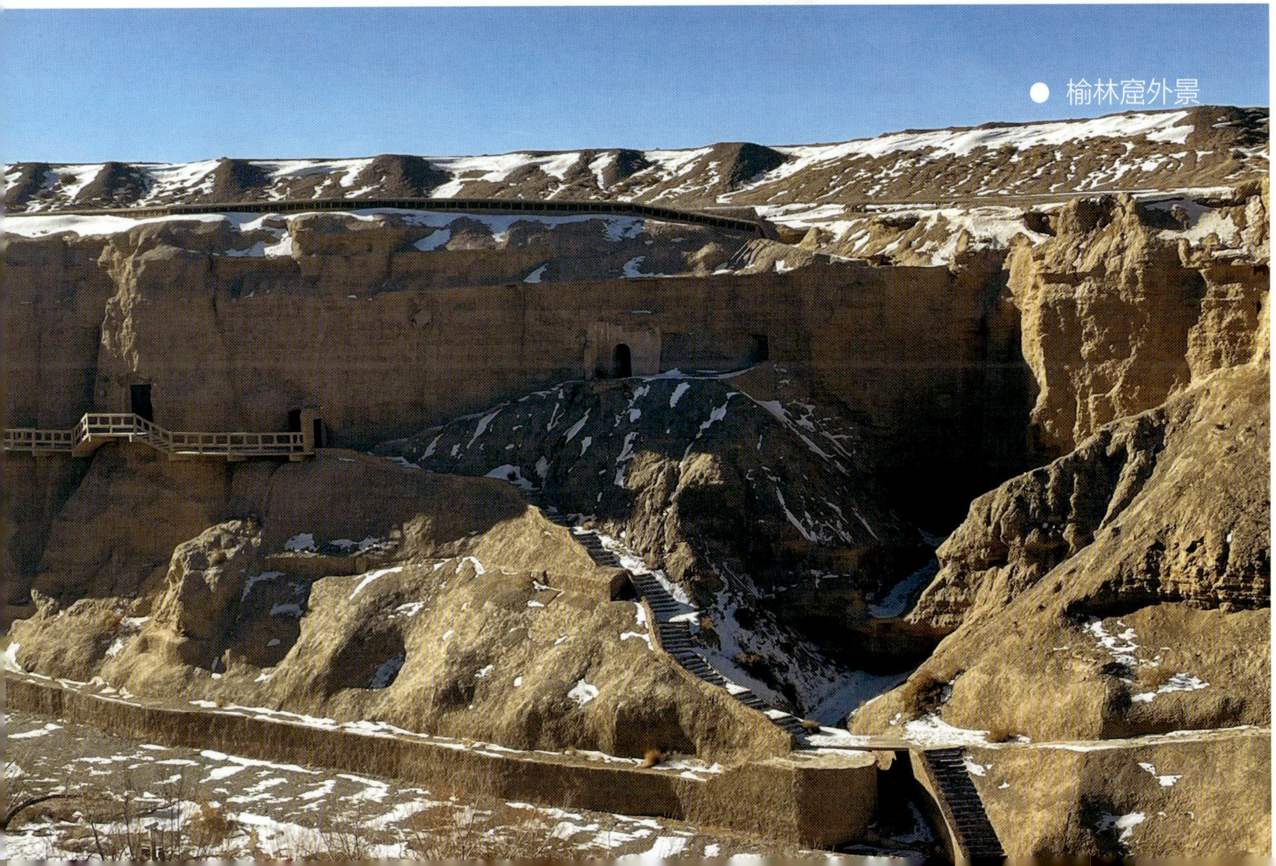

● 榆林窟外景

笔墨当随时代，随着朝代的更迭和创作的深入，每一代的画师们都融入了时代的风格和自己的创意。哪怕面对的是相同的题材，最终塑造出的每一身塑像、每一铺壁画的效果都是截然不同的，呈现出多元和独特的风貌。

同时，受多民族文化和外来文化影响，色彩丰富多变。从北凉到元朝，壁画颜色从鲜艳到协调，再到清淡，反映了民族交融和文化融合的过程中艺术风格的演变。

敦煌双壁

莫高窟和榆林窟，二者并称“敦煌双壁”，都有适合开凿洞窟的陡直崖壁，以及一条足以滋养生命的小河。因此这项宏伟的“艺术神话”，在这里绵绵不绝地延续了千年。与其他石窟不同，敦煌石窟主要开凿在砾岩上，并不适宜雕刻，所以敦煌石窟里的绝大多数艺术作品都是泥塑和壁画。

1. 十六国 · 北凉

受犍陀罗艺术的影响，在北凉壁画中，大片的土红是其最突出的特点，与白色、青色、绿色、黑色等颜色相配，构成简单的暖色。

供养菩萨

每位供养菩萨的表情不一，手姿和身姿彼此呼应连贯，动态姿势没有重复，互相之间频频交流，气氛热烈活泼。其中扭腰、弄指、翘脚等动作，具有印度舞蹈的风格。

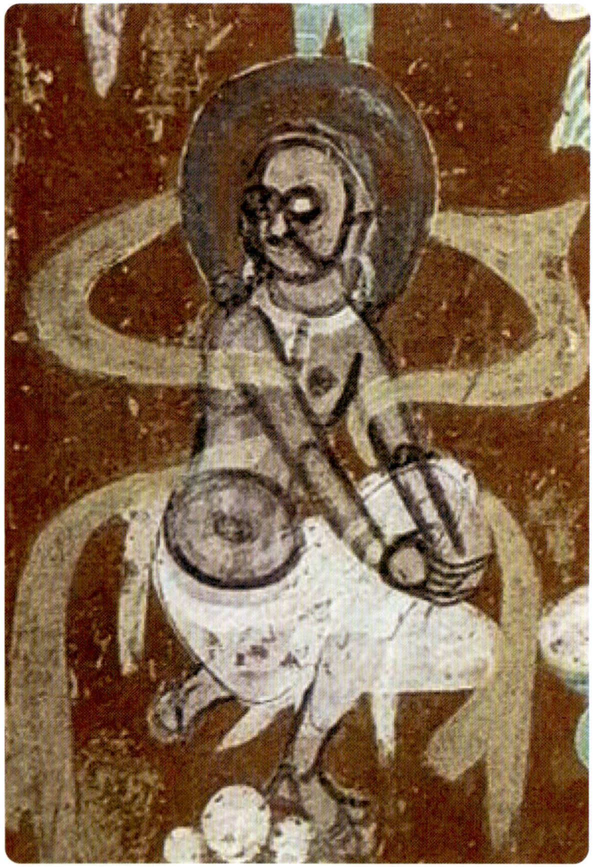

●（北凉）莫高窟第 272 窟局部——佛龛

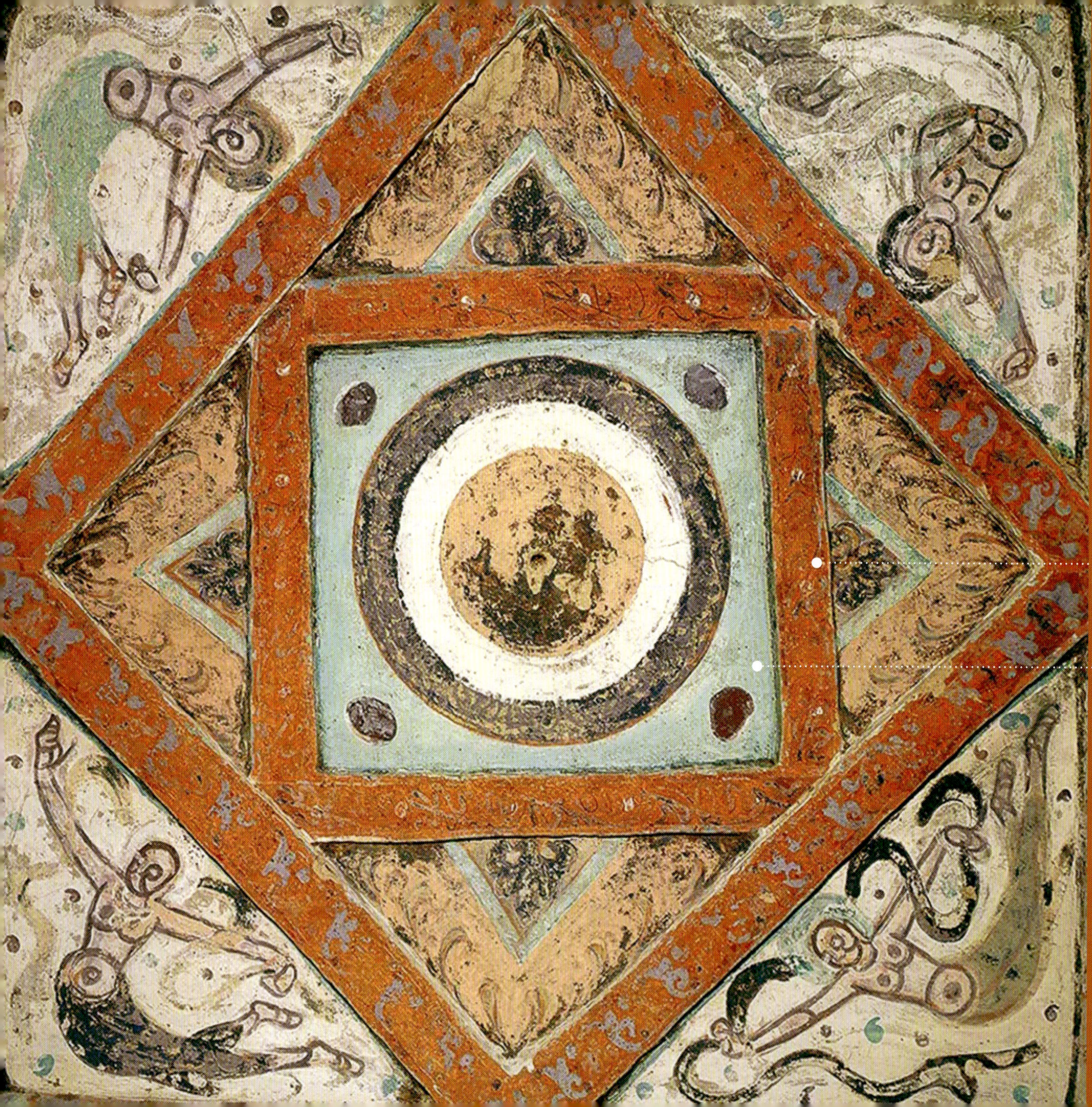

敦煌"潘通色"

敦煌壁画上的许多颜色由天然矿石（赭石、朱砂、孔雀石、青金石等）打磨加工而成，因此可以做到历经千年颜色依然如新，并呈现绝佳的饱和度。

"爱马仕橙"

"蒂芙尼蓝"

● （北凉）莫高窟第272窟局部——套斗式藻井

飞天

敦煌壁画中的飞天在不同时期具有不同的风格与特点。北凉时期的飞天保留了西域人的许多特征，如高鼻大眼，身体多呈“V”形，上身赤膊，下身则由短裙向长裙过渡。

● （北魏）莫高窟第 260 窟局部

2. 北朝 · 北魏

从北凉到北魏，敦煌洞窟的最大改变是出现中心塔柱结构（见 P045）和人字披屋顶（见 P092），佛龛上面同时出现汉式屋檐、斗拱与西式拱券。同时，在鲜卑族与汉族文化的共同影响下，壁画的颜色表达渐渐脱离摸索阶段，发生了更大的变化。土红色不再仅仅是单纯的背景色，更多地与蓝色配合运用，形成了一种从暖色向冷色的转变。

降魔成道

传说释迦牟尼在菩提树下即将成佛时，魔王带领大批魔军前来诱惑他，试图阻止他成佛。但释迦牟尼凭着坚定的意志和佛法的力量，战胜了魔王和各路妖魔鬼怪，最终修成正果。

● （北魏）莫高窟第 254 窟局部——降魔成道

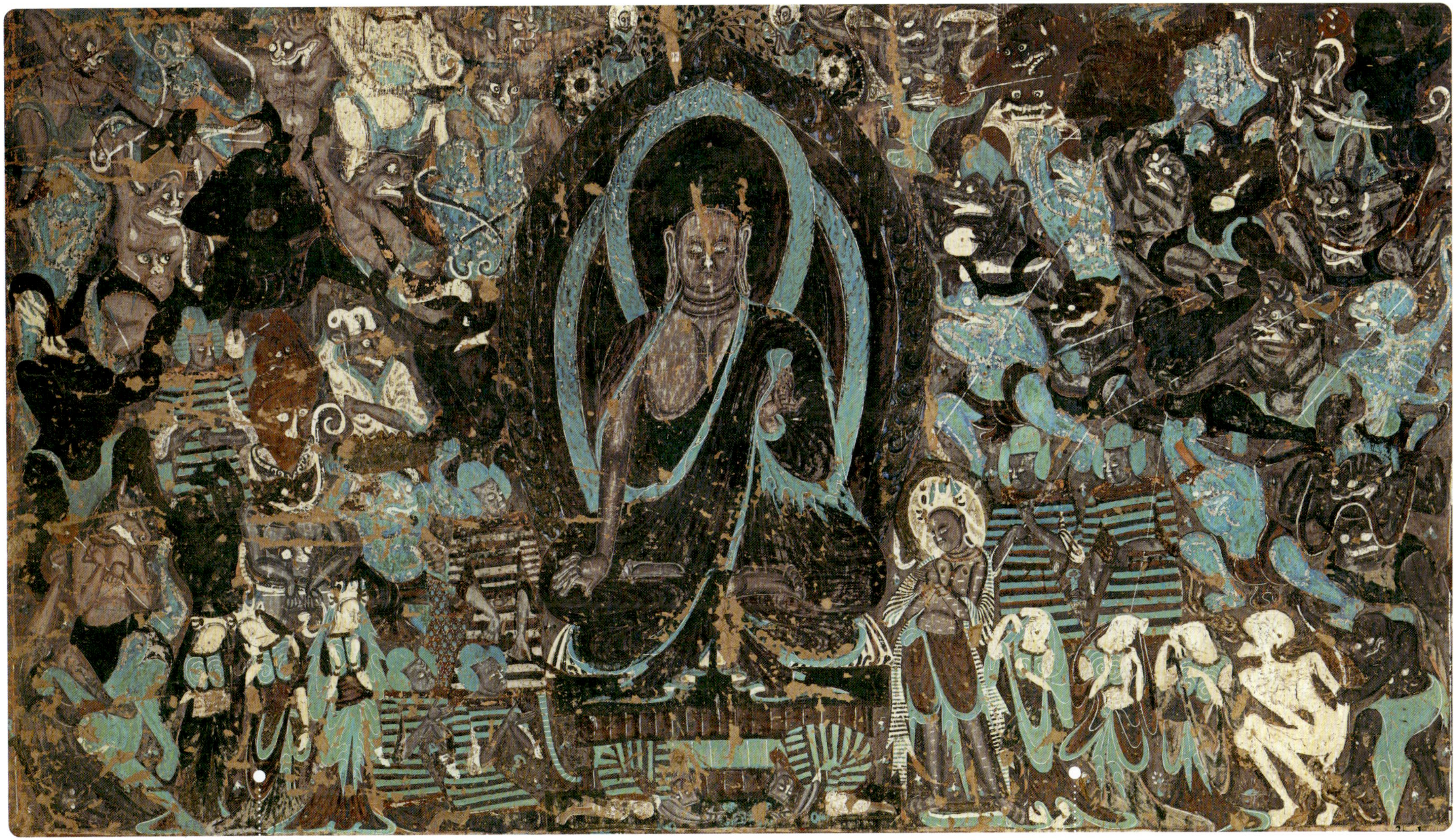

三个魔女前来诱惑释迦牟尼

魔女现身成丑陋的三老妪

3. 北朝 · 西魏

随着西北地区多民族不断融合，西魏时期的敦煌壁画的特点之一是再现了游牧民族生活中的狩猎场景，飞奔的野兽、疾驰的骏马、侧身弯弓的人无不释放着鲜活不羁、雄劲勇猛的生命力。

野兽凶猛

两名猎人骑马追逐，其中一人回首弯弓射击一只猛虎，另一人执矛追逐三只黄羊。

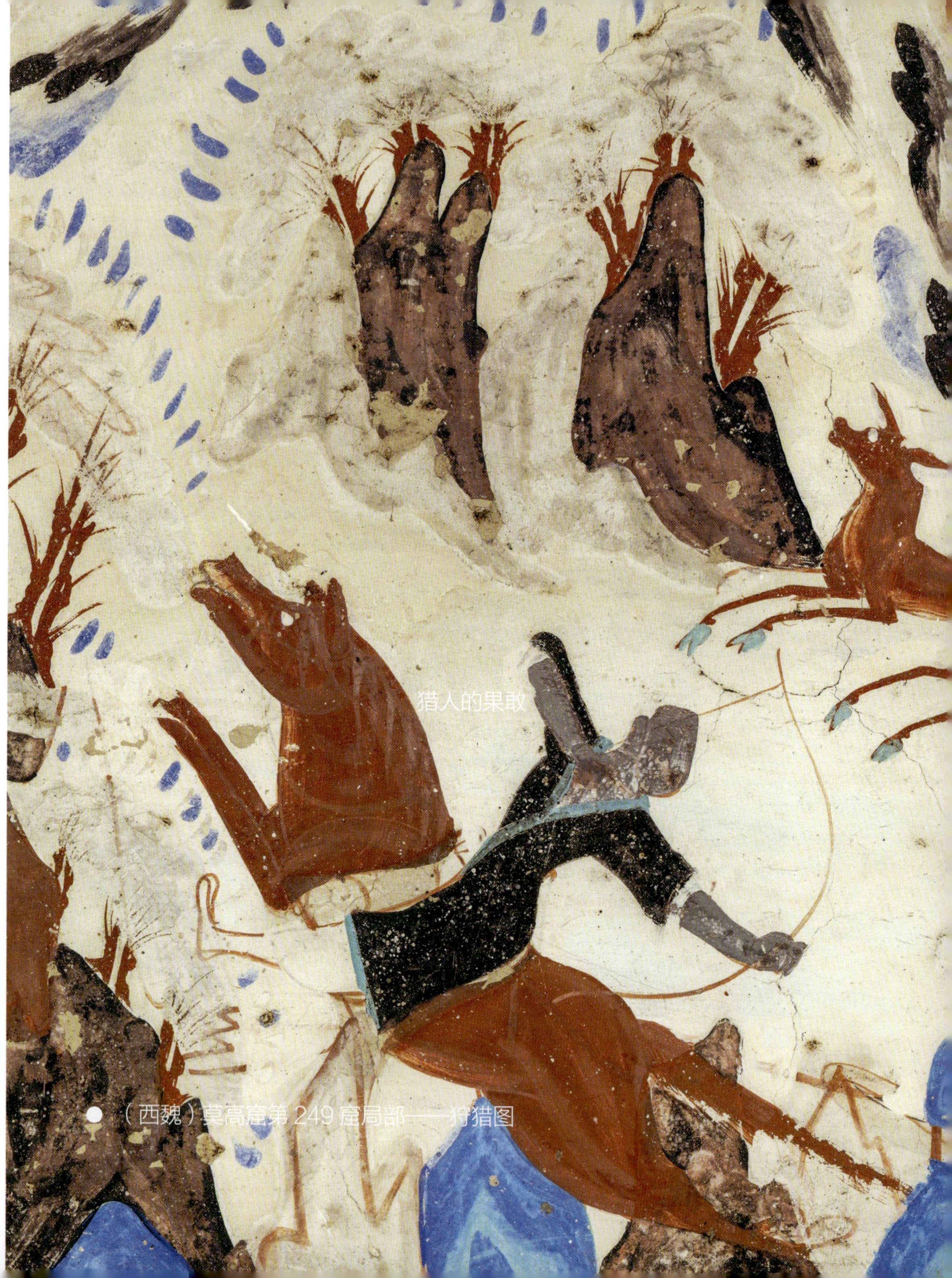

（西魏）莫高窟第 249 窟局部——狩猎图

羊的惊慌

4. 北朝 · 北周

魏晋南北朝历经 360 多年，“城头变幻大王旗”，政权变化频繁。在分裂走向统一的进程中，敦煌的画师们从主要表现外来艺术风格向形成本土风格过渡——五彩缤纷的西域色彩渐渐被放弃，整体色调趋于纯粹典雅，为敦煌石窟的全面繁荣奠定了基础。

●（北周）莫高窟第296窟局部——丝路风景

5. 隋唐

丝绸之路在隋唐空前繁荣。隋代不断融合中西、推陈出新，进行新的石窟艺术尝试（如莫高窟第 420 窟，见 P149），为灿烂的唐代敦煌艺术唱响了先声。到了唐代，中原与西域交往更为频繁，长安与洛阳的文化艺术也进一步传入敦煌。莫高窟第 220 窟壁画中的帝王造型与唐代著名画家阎立本所绘《历代帝王图》如出一辙。以李思训、李昭道父子为代表的青绿山水画风与莫高窟第 217 窟（见 P211）的壁画有明显的联系，唐代的许多洞窟也开始以青绿山水作为背景，敦煌壁画的发展得以与中原同步，并且逐渐摆脱了西域的影响，趋于独立成熟。

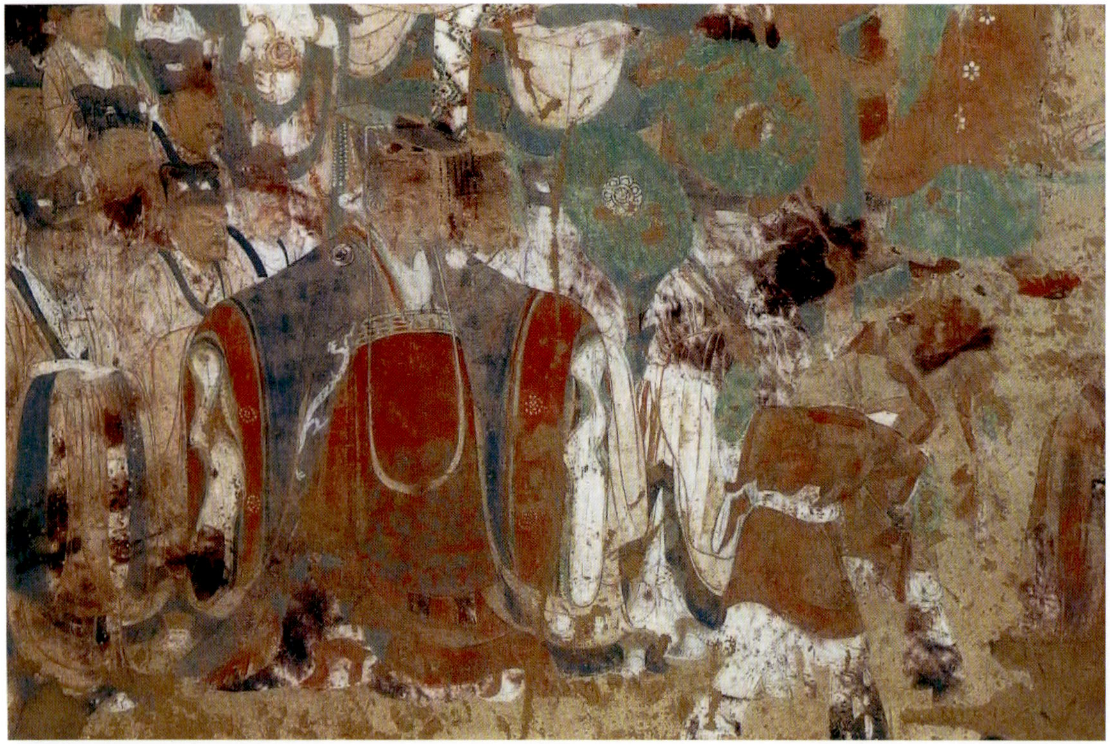

● （初唐）莫高窟第 220 窟局部——帝王听法

● 阎立本《历代帝王图》局部

（第 220 窟的壁画）构图设色都不亚于意大利文艺复兴时期的教堂装饰绘画。——常书鸿

●（初唐）莫高窟第 220 窟局部——观无量寿经变

● （盛唐）莫高窟第 45 窟彩塑——佛祖、菩萨、弟子和天王的经典组合

纵使我佛慈悲，亦有金刚怒目。

● （盛唐）莫高窟第 320 窟——散花追逐四飞天

黑飞天

第 320 窟中的飞天结合了印度佛教天人、中国神话中的仙人和西域舞乐的形象，在唐代完成了中国本土化演变，出现了近乎完美的飞天艺术形象。因颜料氧化后变成了黑色，所以民间俗称黑飞天。

● 甘肃省博物馆再现古代工匠在石窟里绘制壁画的场景

●（盛唐）莫高窟第 217 窟局部

安史之乱后，中原地区陷入混乱，唐朝国力渐衰。吐蕃趁乱占据敦煌，不仅改变了敦煌的政治和军事格局，在文化和宗教方面也产生了深远的影响。这种影响体现在洞窟的开凿和装饰上，许多洞窟的壁画和雕塑明显融入了吐蕃文化的元素，如人物形象、服饰、宗教符号等，都带有浓厚的吐蕃特色。

朝霞冠：朝霞冠色彩与朝霞相似，寓意霞光万道、蒸蒸日上。

藏袍：大翻领，颜色素净，衣襟向左边扣，腰系玉带，袖子长至脚踝。

左后腰佩戴短刀

乌皮靴

● （中唐）莫高窟 159 窟局部——吐蕃赞普礼佛图

●（晚唐）莫高窟第156窟局部——张议潮统军出行图：归义军驱逐吐蕃，光复河西走廊。

演奏琵琶、腰鼓、箜篌、笙的乐者

骑兵在前，官员在后，舞乐团在中间。

官员

身着吐蕃服饰的舞者

骑兵

6. 五代十国

唐朝覆亡、吐蕃占据敦煌后，敦煌石窟的建造也随之式微。然而，五代时期的归义军节度使曹元忠和其夫人于公元 947 年至 951 年间主导修建的第 61 窟却异常精彩，壁画描绘了五台山一带的社会生活场景，几乎全方位记录了当时的衣食住行风貌，其保留的五台山建筑图像据说还指引梁思成和林徽因发现了中国当时唯一的唐代殿堂式木结构建筑——佛光寺。

● （五代十国）莫高窟第 61 窟局部——曹氏家族的女供养人

回鹘民族服饰特点：

桃形冠、贴花、翻领大袍。

“斗拱雄大，出檐深远”的大佛光之寺正前方设山门，周围有回廊，四角设角楼，中央建佛殿，建筑均为重檐庑殿顶高阁。

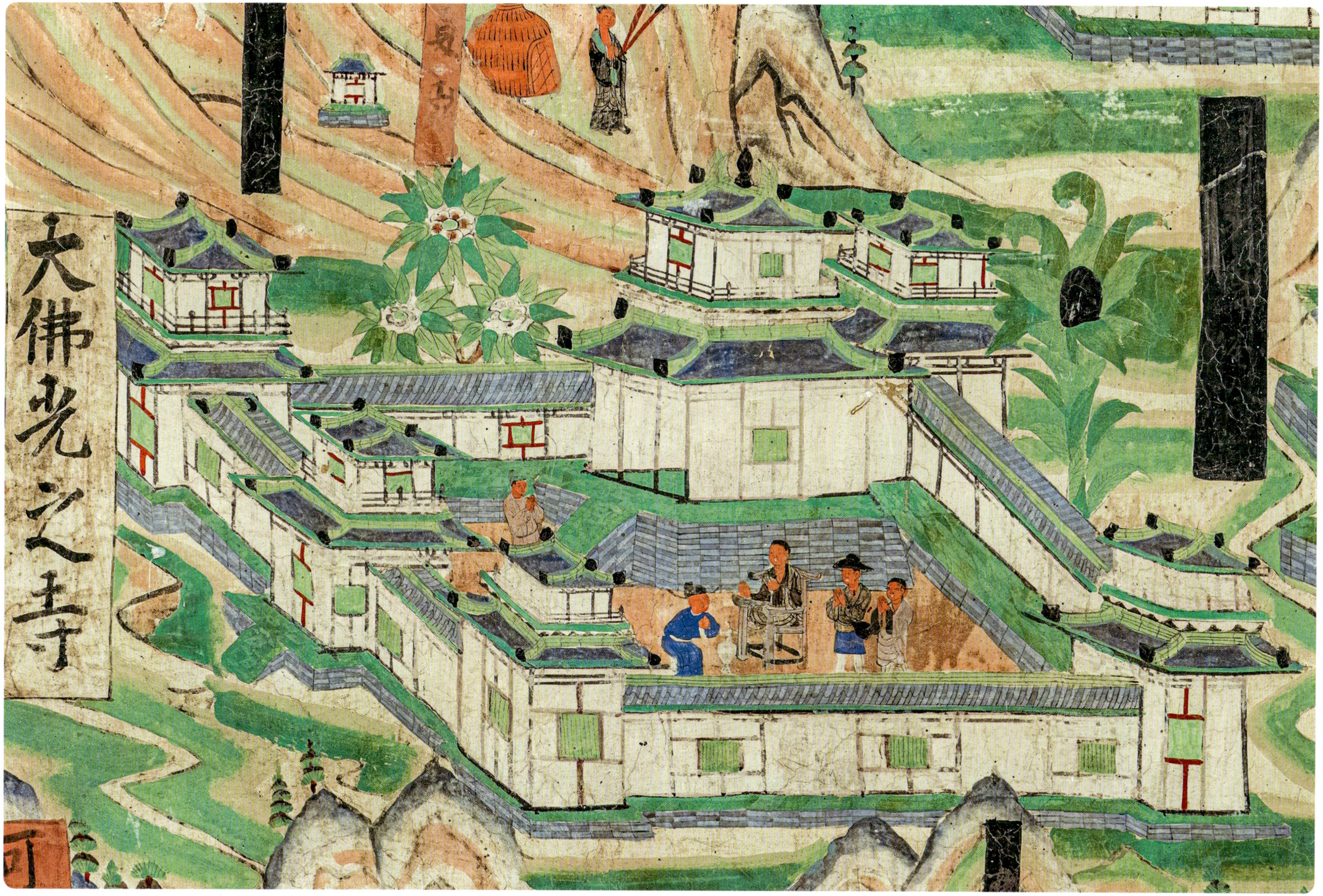

●（五代十国）莫高窟第 61 窟局部——大佛光之寺

7. 宋与西夏共存时期

北宋和西夏在1038年至1127年将近90年的时间里共存，在政治、文化、地缘上相互影响。北宋（960年-1127年）的疆域主要包括华中、华南和华东地区，以汉族文化为主导。西夏（1038年-1227年）与北宋西北接壤，疆域主要包括中国今天的宁夏、甘肃西北部、陕西北部、青海东北部和内蒙古西部一带，是党项族建立的政权。敦煌一带在北宋时期虽然在名义上归属宋朝，但由于地处边陲，实际受到西夏的控制。

南宋时期（1127年-1279年），西夏与金国在北方地区并存，敦煌一带仍然由西夏控制。

● 榆林窟第3窟局部——玄奘取经图

榆林窟

在敦煌石窟群中，榆林窟现存41个洞窟，距离莫高窟大约170千米。由于地理位置相对偏僻，规模较小，榆林窟在知名度上不如莫高窟。然而，榆林窟的艺术价值丝毫不逊色于莫高窟，保留了从唐代到元代的丰富壁画和塑像。其中，榆林窟第3窟中的玄奘和孙悟空形象，是佛教艺术与中国传统文化深度融合的典范。

玄奘

玄奘的形象可以追溯到根据玄奘的旅行见闻撰成的《大唐西域记》一书以及高僧玄奘前往印度取经、带回佛教经典的历史记载。

孙悟空

孙悟空的形象源于中国古代神话传说，最早可以追溯到《山海经》中关于灵猴的记载。

8. 元代

在敦煌莫高窟总计发现的492个石窟中，元代营造的只有八个，其中莫高窟第3窟是元代石窟的代表作，也是莫高窟现存唯一以观音为主题的洞窟，俗称“观音洞”。这一窟的壁画是敦煌艺术在尾声阶段的回光返照，既标志着元代绘画艺术的高度发展，也成为莫高窟晚期石窟艺术的绝响，至此，莫高窟的艺术创造力逐渐走向枯竭。

十一面的千手千眼观音菩萨：
“千眼遥观，千手接应”，象征着观音菩萨能救人于诸多苦难。

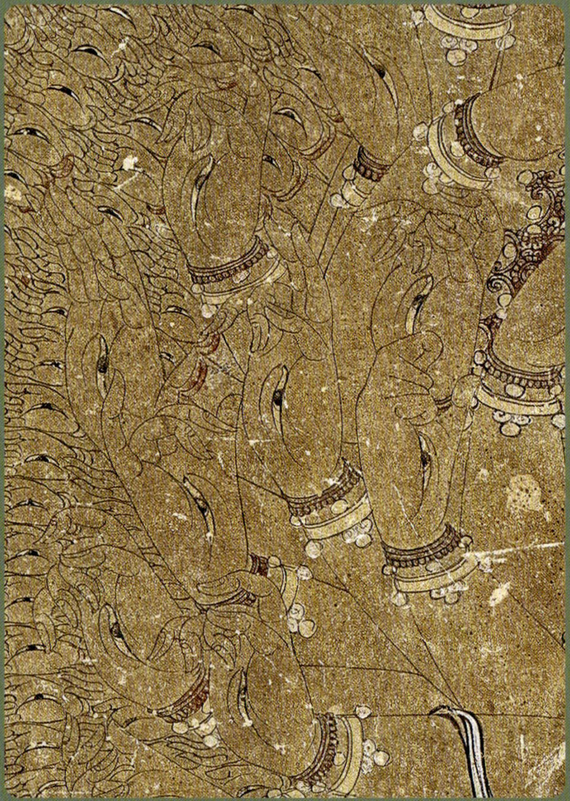

吉祥天女：
头戴花钗宝冠，身穿云肩羽袖大带襦裙，左手握莲花，右手施无畏印。

●（元代）莫高窟第3窟局部——千手千眼观音菩萨

金发飞天：

头梳双髻，长眉高鼻，一手捧莲花，一手持长莲枝，供奉千手千眼观音。

婆娑仙：

头束高髻，戴莲花冠，身穿绿色交领大袖袍，长眉下垂，神采奕奕。

9. 明代
敦煌的沉寂

明嘉靖年间关闭嘉峪关，正式实施“闭关锁国”政策，敦煌的命运被彻底改变。嘉峪关的封闭切断了中原与西域的联系，使得敦煌失去了丝绸之路的中枢地位。千年敦煌从此不再是东西方文化交流的繁华之地，逐渐被历史的尘埃覆盖。

昔日的石窟艺术和佛教圣地，沉寂于风沙之中，成为了历史的遗迹。敦煌石窟从北凉到元代的辉煌历史，最终在明朝“闭关锁国”的政策下走向终结，千年文明的光辉至此黯然失色，成为了历史长河中一抹凋零的痕迹。

1. 嘉峪关（关门紧闭）

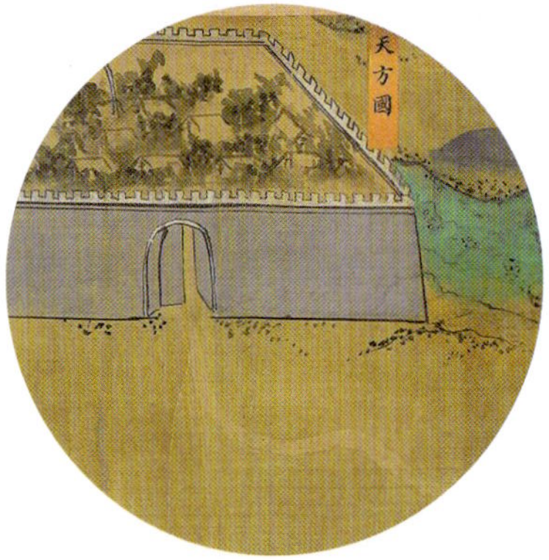

2. 天方国（今沙特麦加）

3. 戎地面（有专家认为是今埃及的贝勒尼斯）

1

●（明代）《丝路山水地图》绘制了从嘉峪关到天方国数千千米路线上的城池和山川地貌

10. 近现代敦煌的复兴

唯一幸运的是，地处偏僻的敦煌石窟，基本完好地保存了下来。直到 20 世纪初，命运的齿轮开始转动。敦煌以一种意外的方式重新被发现，以一种屈辱的传播方式重新引起了学术界的重视，又以一场戏剧性的相遇重新被重视、修缮、保护，重回世人的视野，再次震惊了世界。

1900 年的一个炎热夏日，一位名叫王圆箓的道士在清理洞窟时，意外发现一堵看似普通的墙壁有裂缝。王圆箓好奇地拆开了墙壁，眼前的一切令他目瞪口呆——洞内堆满了无数的经卷、画作和佛教文物。这些文物整整齐齐地摆放着，仿佛在等待着重新见到天日的那一刻，但他未曾料到，这个发现将改变敦煌的命运。王圆箓发现藏经洞后，曾多次向清政府汇报，希望引起重视，但并未得到有效回应。

1905 年，俄国人奥勃鲁切夫以五十根硬脂蜡烛为诱饵，换得藏经洞写本两大捆，这是藏经洞文书流失于外国的开始。

1907 年，英国人斯坦因赶到敦煌，以四块马蹄银（约白银 200 两）从王圆箓处换得大量写经、文书和绢画丝织物等。

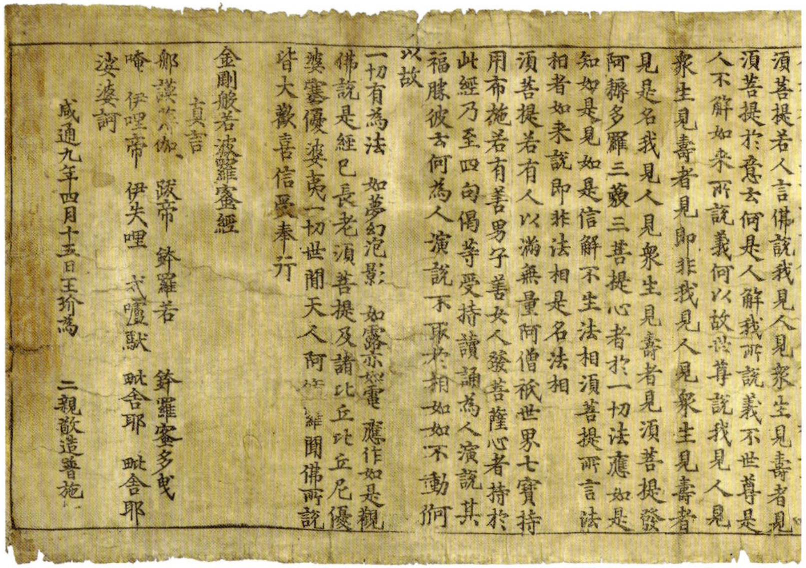

● 这本产生于公元 868 年的《金刚经》，是目前世界上纪年最早的印刷书籍，由斯坦因从敦煌藏经洞带到英国，现收藏于大英图书馆。

● 法国人伯希和在敦煌藏经洞

1908 年，法国人伯希和来到敦煌，以白银 500 两换得 6000 余卷汉文写本、古藏文写本、纸绢画等。此后，日本、俄国、美国等国的人也纷纷来到敦煌，带走了许多珍贵文物。随着敦煌文物被外国人四散至全世界后，清朝官员才意识到其重要价值，但此时敦煌文物已大量失散。

1910 年，清政府决定将剩余的敦煌文物运往北京保存，然而途中又被沿途官僚克扣，运抵北京时只剩了部分残页断篇。

1935 年，在法国留学的常书鸿在塞纳河畔旧书摊看到了一本伯希和拍摄的《敦煌石窟图录》，随后在吉美博物馆，看到了更多来自敦煌的精美绢画，这些艺术珍品深深震撼了他，内心产生了回到中国、去敦煌的强烈想法。

1944 年 2 月，国立敦煌艺术研究所正式成立，常书鸿任所长，莫高窟终于结束了无人管理、任人破坏偷盗的历史；1950 年，更名为敦煌文物研究所；1984 年，扩建为敦煌研究院。

如今，敦煌石窟以其精美的壁画和塑像闻名于世，不断吸引着世界各地的学者和游客，也不断启示着我们——闭关带来凋零，开放带来繁荣！

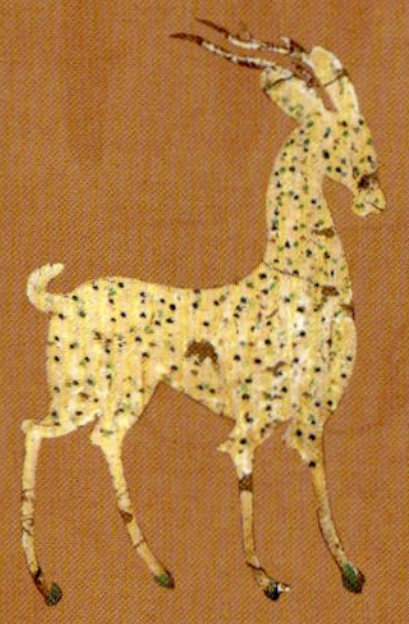

莫高窟第 257 窟建于北魏时期，既受到了西域文化的影响，也融合了中原文化的元素，兼具粗犷豪放与婉转细腻的风格，洞窟形式的最大变化是出现了源自印度的中心塔柱结构。壁画中则既有穿汉服的长者，又有印度风貌的国王；既有中式的飞檐和阙楼，又有西式的圆券和拱门；更有家喻户晓的经典动画片《九色鹿》的原型壁画——《鹿王本生图》。

莫高窟第 257 窟

九色鹿的传奇

时代：北魏　洞窟形制：中心塔柱型

● 莫高窟第 257 窟鹿王本生图局部

莫高窟第 257 窟
中心塔柱示意图

中心塔柱
四面巡礼

中心塔柱窟，顾名思义，洞窟中央有一座塔柱。它是由印度的支提窟（也叫塔庙窟）发展变化而来。敦煌的中心塔柱窟多呈现为纵向的长方形，前部被称为前室，屋顶为人字形（人字披）；后部被称为主室，屋顶为平顶（平棋）。主室中央有一座方形塔柱，塔柱东向（正面）开一主龛，里面是主尊佛像；其他三面开上下两龛。这种中央立柱四面开龛的样式不仅方便人们聚在一起瞻仰和礼拜佛像，还能让人们在绕柱的同时观看佛像。

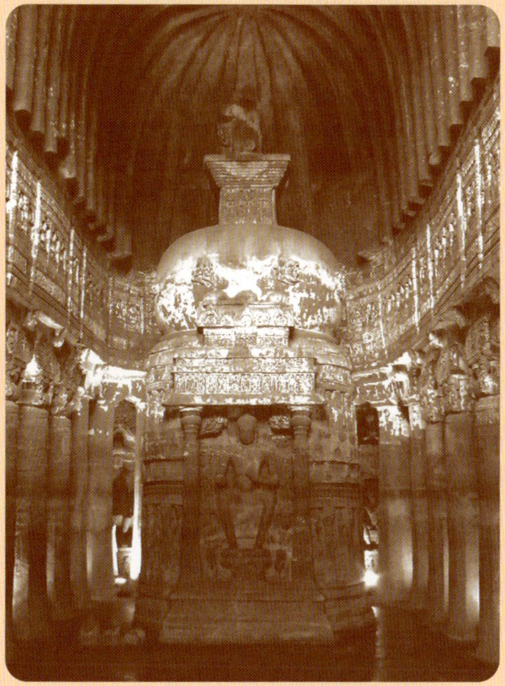

印度支提窟（塔庙窟）

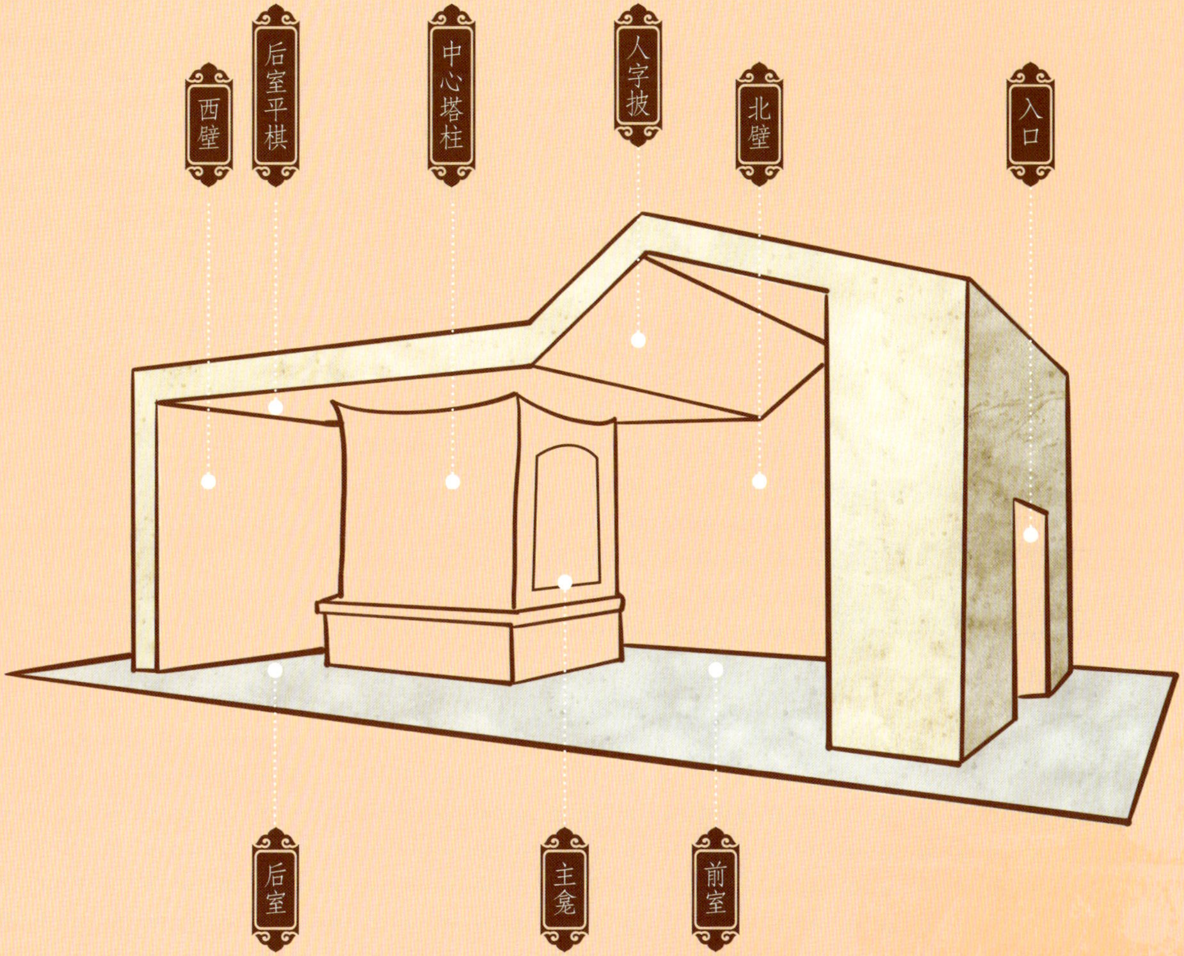

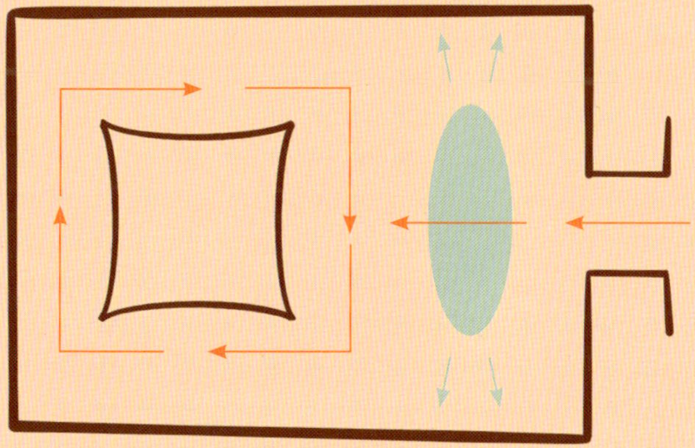

中心塔柱窟的游览顺序：

①顺时针绕中心塔柱观看

②从南到北观看壁上的“连环画”

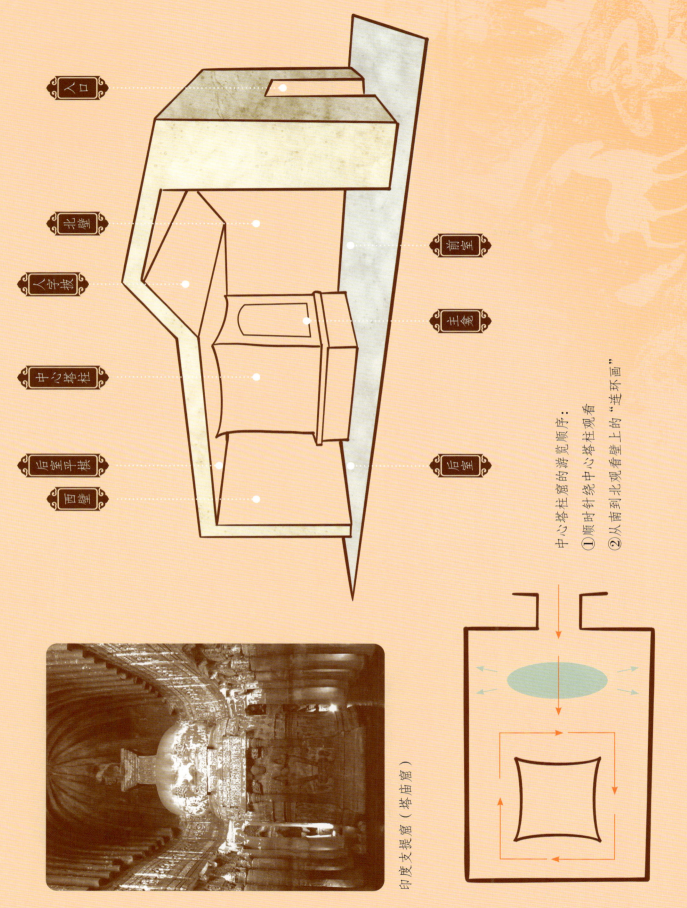

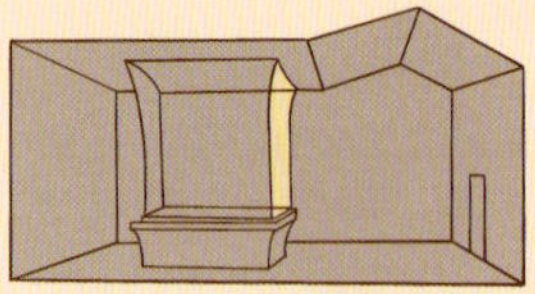
莫高窟第 257 窟
中心塔柱东向示意图

中心塔柱东向
贴泥条的弥勒佛

在中心塔柱的东面，有一座圆券形状的主龛，龛里端坐着一尊弥勒佛。弥勒佛身披袈裟，露出了右边的肩膀。在主龛外面两侧，本来有两个守护弥勒佛的天王塑像，现在只保存下来北边一个天王像，这是莫高窟里现在还能看到的唯一的北朝彩塑天王像。主龛上部还贴着各种浮塑的供养菩萨。

浮塑供养菩萨

莲花化生童子

“V”字形飞天

圆券式主龛，飞龙首尾相连。
高髻（丸子头）
飞龙
双目（里面的宝石被盗毁）
袈裟
垂足而坐
彩塑天王

袈裟上的衣纹为什么如此逼真？

弥勒佛身上的袈裟，具有明显的“曹衣出水”的特点——衣衫线条紧贴身上，佛像就像刚刚从水中出来一样。这是因为衣纹是用“贴泥条 + 阴刻线”的方法塑造而成，所以佛的塑像给人以薄衣贴体的美感。

贴泥条

将衣纹线先做成泥条，然后将泥条贴在塑像要表现衣褶线的部位，呈现凸起的雕塑效果。

阴刻线

在材料表面雕刻出低于平面的线条或图案，形成凹下的雕塑效果。

手臂处衣纹
大腿处衣纹
小腿处衣纹

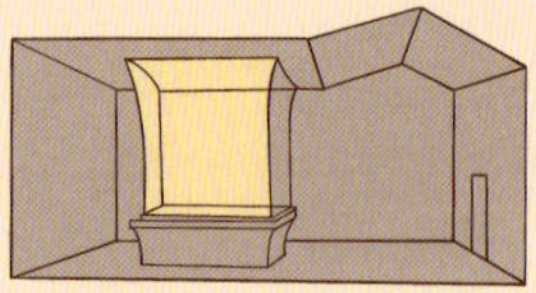

莫高窟第 257 窟
中心塔柱南向示意图

中心塔柱南向
托腮的东方思想者

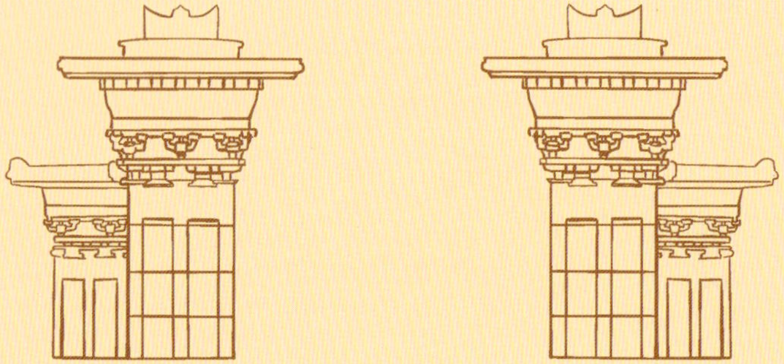

双出阙

什么是阙?

阙，也叫阙楼，是古代宫廷大门外面的两个高大建筑物，通常出现在宫廷出入口的左右两边。阙不仅具有实用的功能，比如可以登高瞭望、站岗放哨等，更重要的是它象征着威严、尊贵和地位。阙形龛将汉式建筑元素与佛教艺术相结合，体现了佛教在中原地区传播过程中与本土文化的融合。

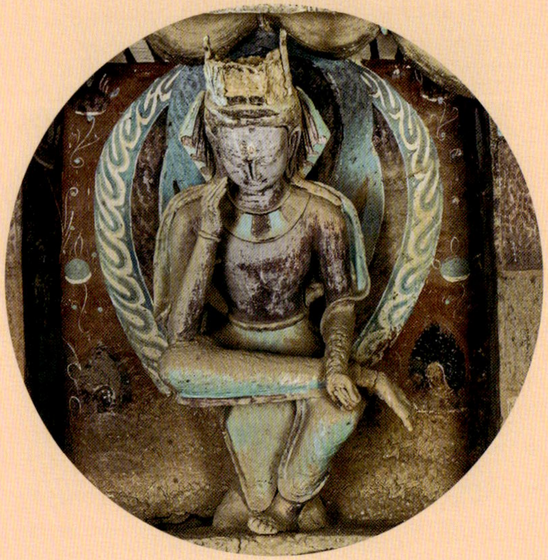

思惟菩萨半跏而坐

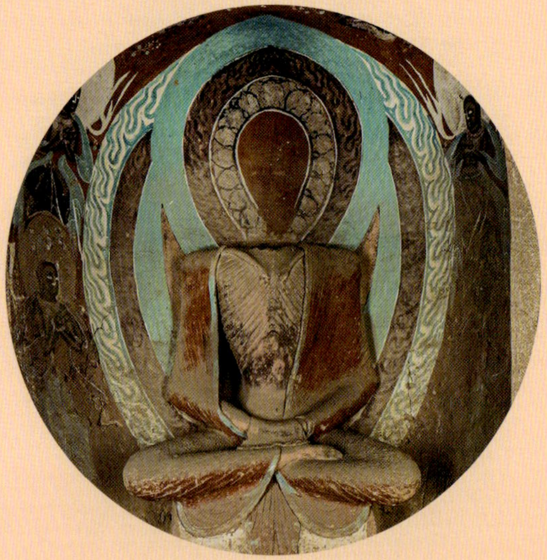

苦修菩萨盘腿而坐

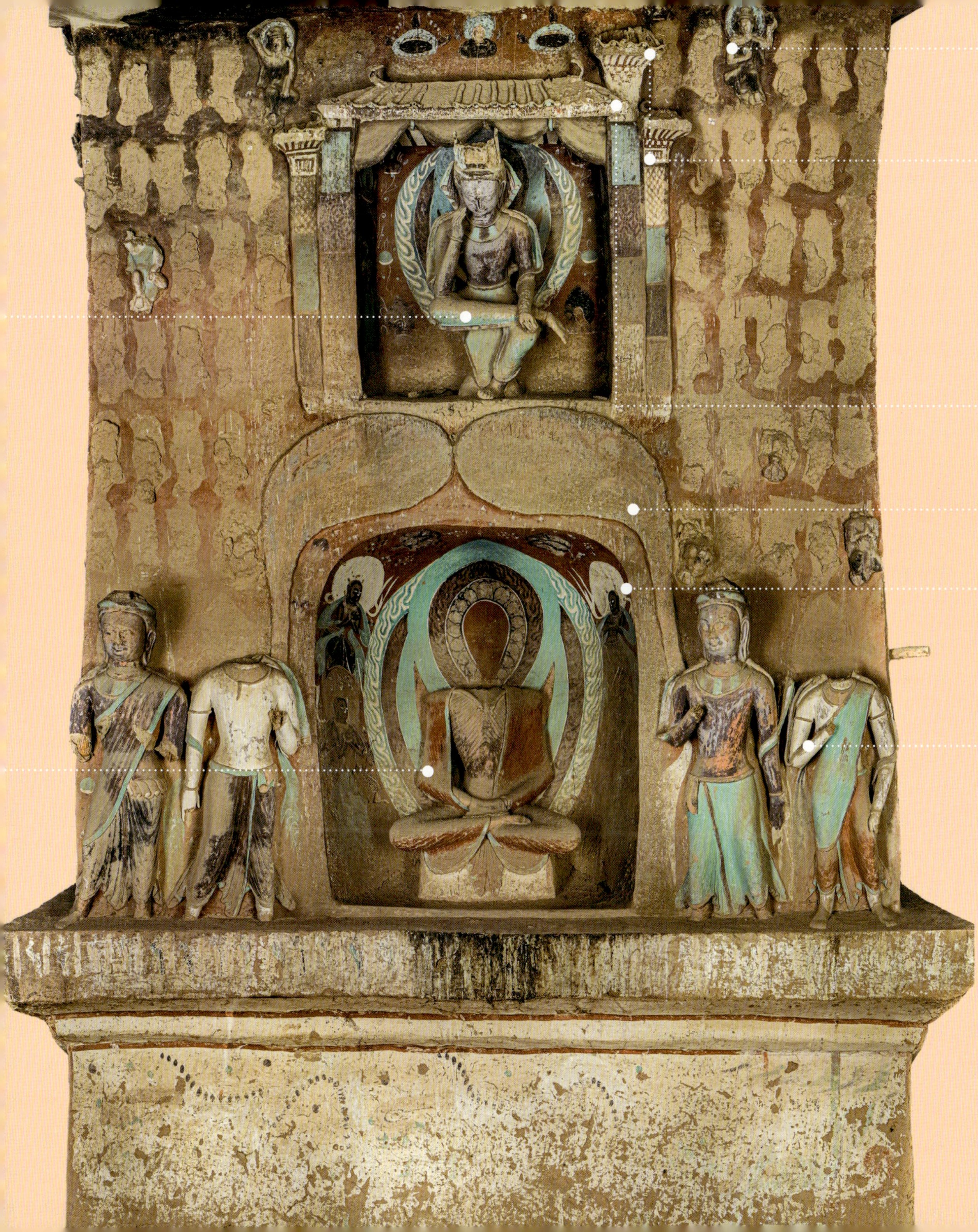

浮塑供养菩萨

什么是龛？

龛是指用于安放神像、佛像或其他供奉物的凹室，常设在石窟、寺庙、祠堂等场所，又或是家里墙壁、柱子上，以展示和保护人们心中的“供奉物”。

双树圆券龛长什么样子？

双树圆券龛的龛上有两棵树，据说这两棵树指代佛觉悟时身边的菩提树，象征着树下思考与顿悟。虽然第 257 窟中双树圆券龛中“树”的形象已经斑驳不清，不过，在第 275 窟中清晰可见龛外两棵树的样子，龛里正盘腿坐着一身思惟菩萨。

东方思想者

西方思想者

思惟菩萨——东方思想者

思惟菩萨头戴宝冠，身体微微前倾，一手托着下巴，一手搭在脚上，一腿自然下垂，一腿翘在另一腿上，好像在沉思。

无独有偶，这种姿态在西方艺术的人物造型中也常被用来表现思考。法国著名雕塑家罗丹制作的雕塑《思想者》，男子一手托着下巴、一手搭在膝盖上，沉浸在因思考带来的极度矛盾与痛苦中。

莫高窟第 275 窟的双树圆券龛和思惟菩萨

双树圆券龛
胁侍菩萨

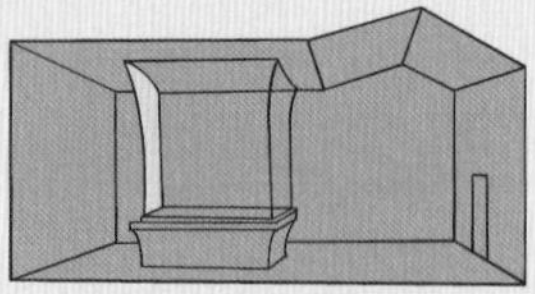

莫高窟第 257 窟
中心塔柱西向示意图

浮塑供养菩萨

禅定佛像

中心塔柱西向
“冰箱贴”排排站

浮塑一面是平整的，一面是凸起的，平整的背面粘贴于墙壁上，凸起面则被施加色彩或者绘上纹样，使得泥塑的窟、龛、佛坛等增添了建筑的真实感，同时也为彩塑和壁画赋予了装饰效果。乍一看，这不就是古代的“冰箱贴”嘛！

塔柱上形态各异的“冰箱贴”

圆券龛
禅定佛像

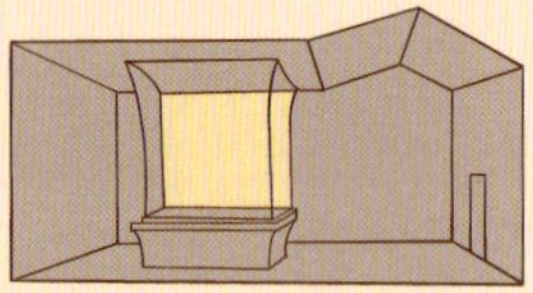

莫高窟第 257 窟
中心塔柱北向示意图

中心塔柱北向
绕柱巡礼最后一站

阙形龛

影塑菩萨

交脚菩萨

盘腿而坐的禅定佛

微笑的禅定佛

禅定是一种修行方式，能够让混乱的思绪平静下来。虽然第 257 窟的这尊禅定佛的佛头已遗失，但我们在其他窟里仍能看到。最为著名的禅定佛来自敦煌莫高窟第 259 窟，被称为“微笑的禅定佛”。

莫高窟第 259 窟微笑的禅定佛

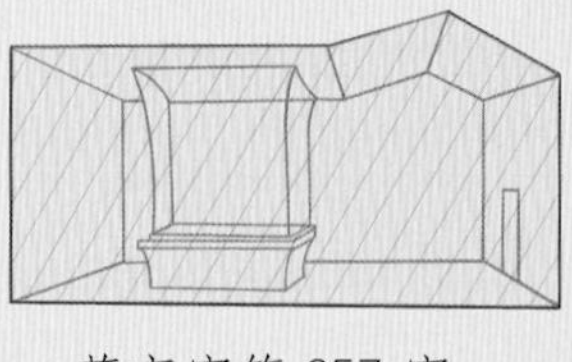

莫高窟第 257 窟
南壁示意图

南壁
小和尚遇“情劫”

主室南壁上段是天宫伎乐十六身；中段上部为千佛像，中央一身站立佛正在说法；中段下部呈现的是沙弥守戒的故事；下段则是一排大力士。其中最精彩的沙弥守戒的故事采用了横卷式连环构图，画面之间用山石和建筑物相隔，疏密有致。

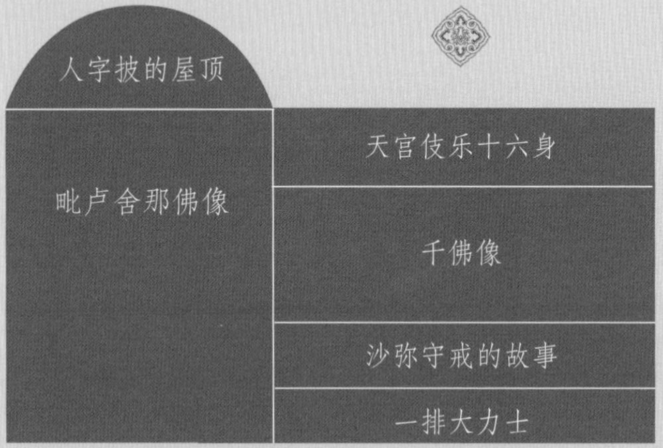

阙形塔

西域面相的站立佛像

● 南壁中段下部：沙弥守戒的故事

沙弥守戒的故事

《西游记》的九九八十一难里，几乎都是孙悟空打妖怪救师傅，但有一难是留给唐僧的——在女儿国遇“情劫”。这一“情劫”，在敦煌的壁画上也有类似的故事。

很久以前，一位老父亲将儿子送入佛门，师从德行高尚的高僧，希望儿子早日修成正果。高僧教诲小沙弥要恪守清规戒律。有一天，小沙弥去一个大户人家化缘。没想到，开门的少女对小沙弥一见倾心，顿生爱慕之意，使尽浑身解

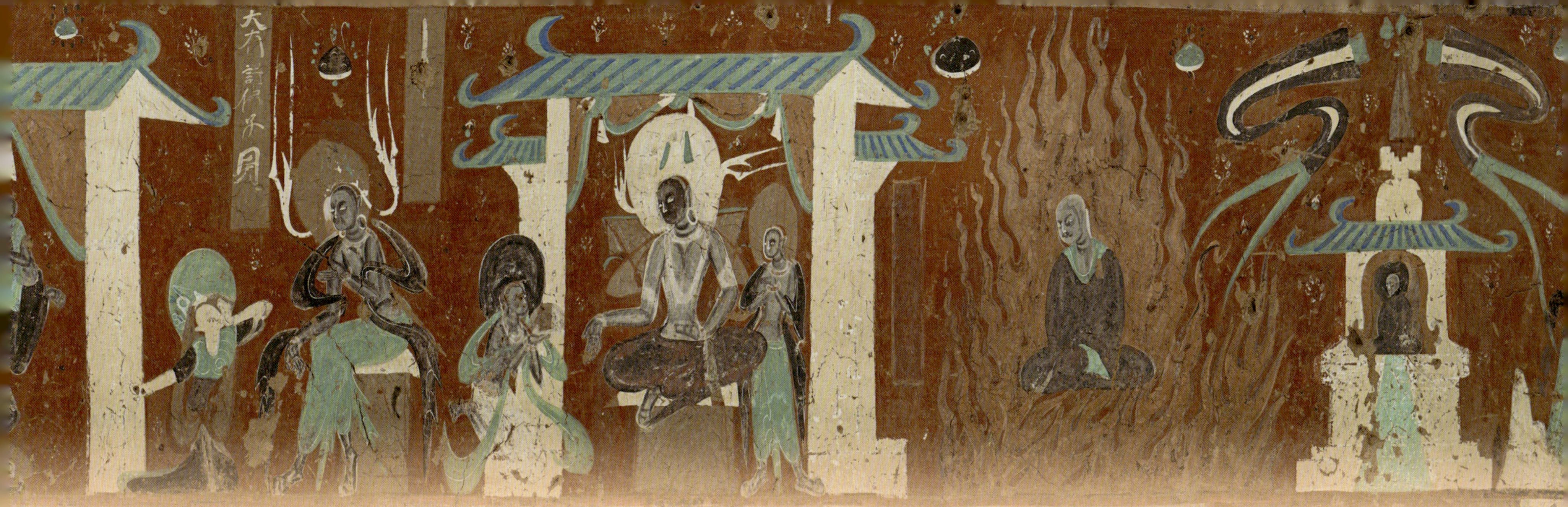

数要小沙弥与自己结为夫妻。小沙弥执拗不过，但深知自己应当严守戒律清规，既不能屈从于王权富贵，更不应沉迷于贪嗔痴怨。于是，他告诉少女自己必须先去静室忏悔，再与之成亲。然而，等了很久都不见小沙弥出来，少女推门而入，只见一幕惨状：小沙弥已在血泊中，自刎身亡。少女的父亲回家知道这件事后，责骂了女儿，再去见国王，坦白恳求原谅。国王知道事情的经过后火化了小沙弥，并盖了一座塔从此供奉他。

1. 父亲送儿子出家剃度为沙弥（和尚）

2. 老和尚吩咐小沙弥出门化缘（讨百家饭）

3. 少女开门迎接前来化缘的小沙弥

4. 少女芳心涌动，强行要和小沙弥成亲。

5. 少女痛苦地告诉父亲小沙弥自刎了

6. 少女的父亲恳求国王的原谅，并缴纳罚金。

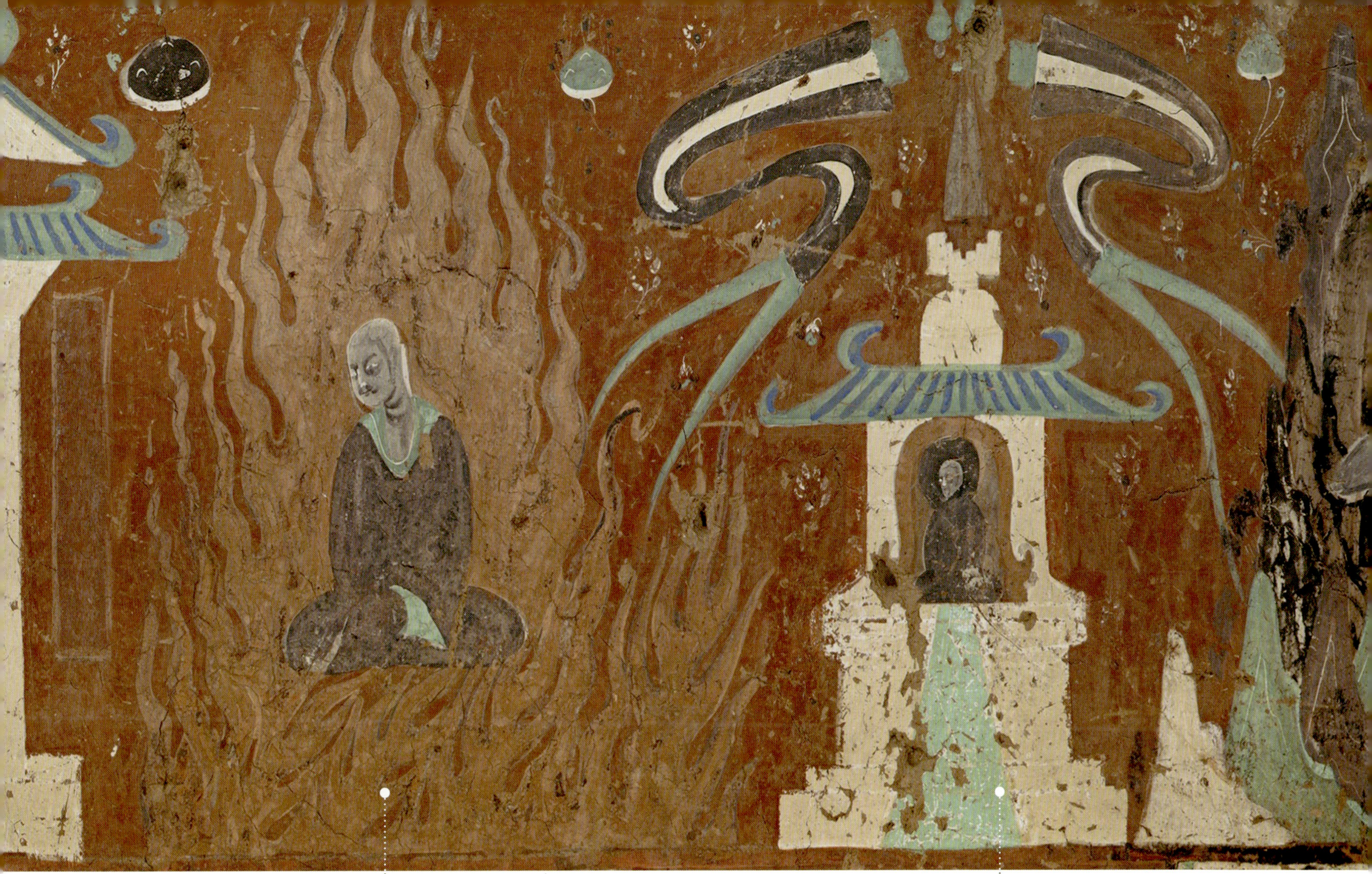

7. 小沙弥被火化

8. 国王建了一座塔供奉小沙弥

● 南壁上部：天宫伎乐各显身手

敦煌的“阳台”

蓝白黑的方块交错排列，圆拱式门洞和汉式屋檐比邻而建，天宫伎乐十六身站在敦煌的“阳台”上各显身手：有的双手合十好像在鼓掌，有的似乎是在给旁边的伎乐献花，有的翩翩起舞，有的弹琵琶，有的打腰鼓，各有情态，各司其职。

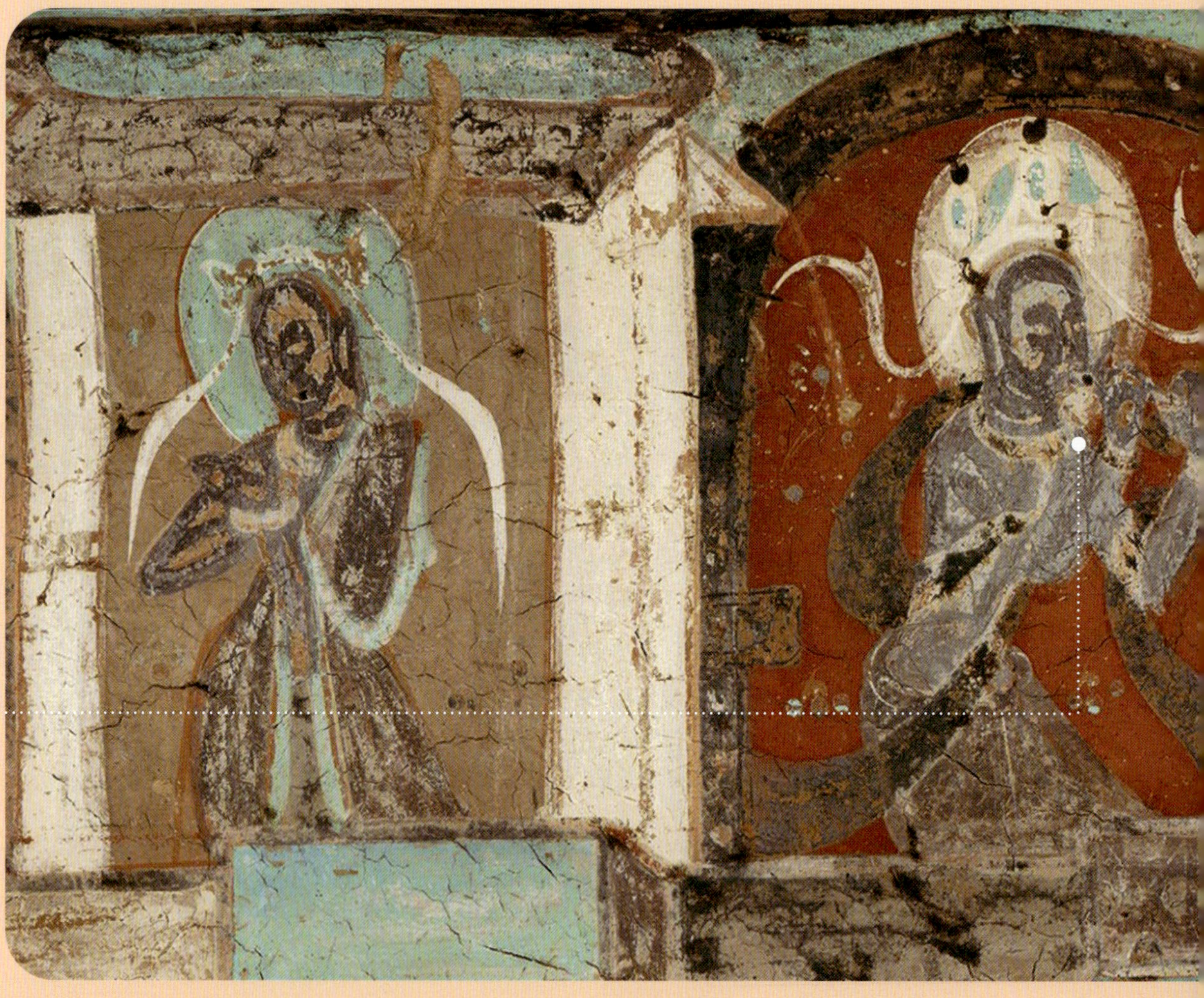

天宫伎乐似双手拍掌

不同的色彩块面，凸显建筑的立体感，如现代建筑中飘出的阳台。

佛佛相次，光光相接

你知道吗？莫高窟还有一个名字——“千佛洞”，不止第257窟，其他许多洞窟内也绘有千佛图像。此处佛像，有的身穿双领下垂式袈裟，有的身穿通肩式袈裟，相间排列。佛像的头光、背光、衣服的颜色八身为一组，颜色的排列循环往复，形成斜向的一条条光带，散发的光芒相互连接交融，形成“横看成行，斜看成道，佛佛相次，光光相接”的效果，远看就像一片片连续的光海。

● 南壁中段上部：千佛像

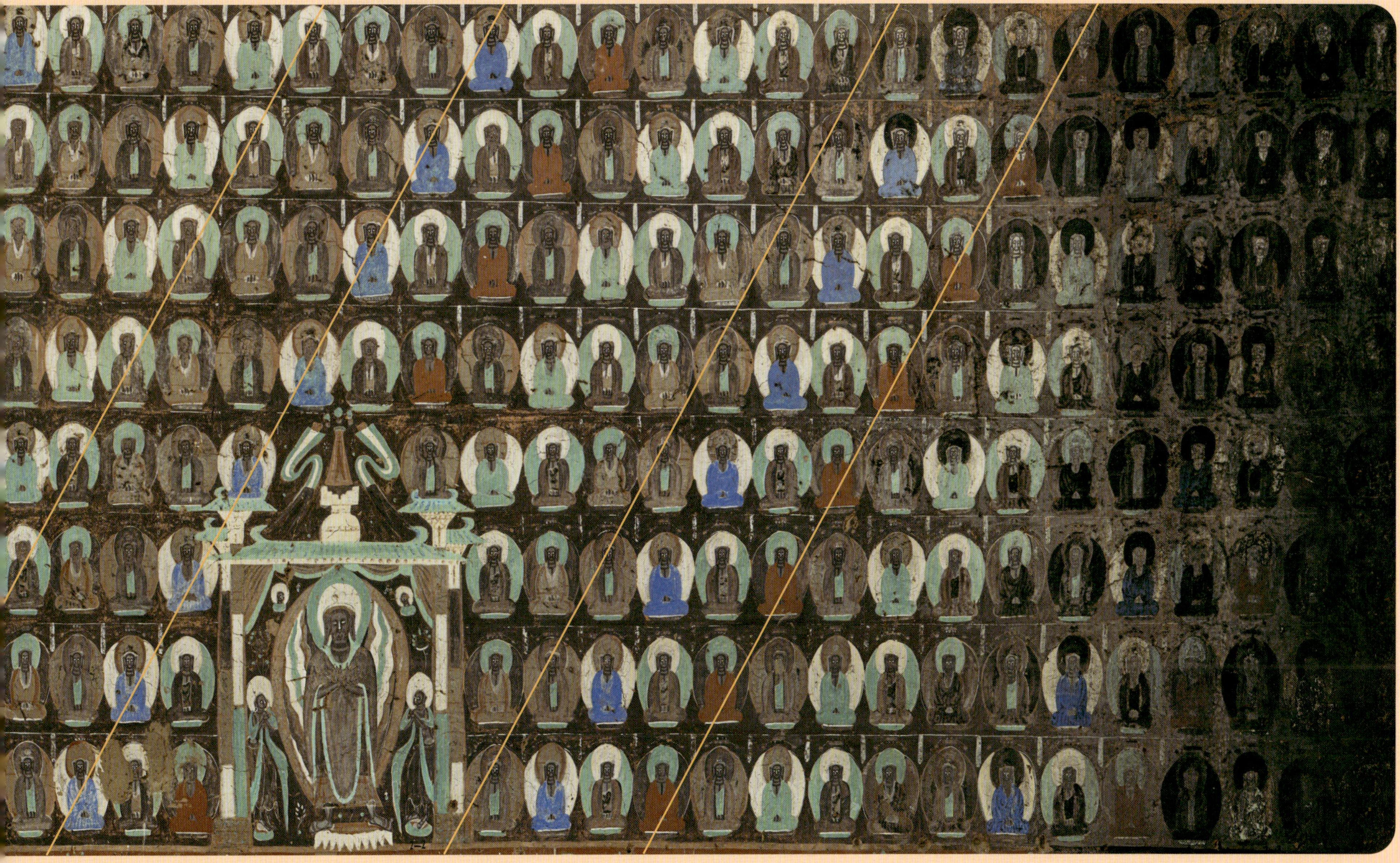

佛佛相次，光光相接

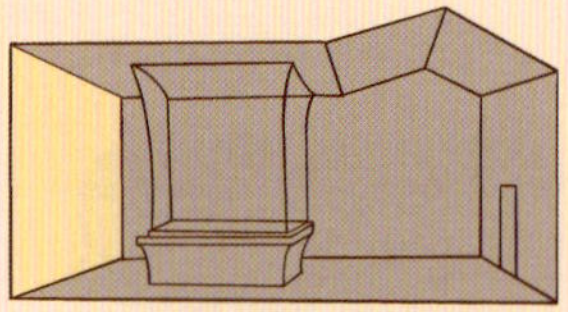

莫高窟第 257 窟
西壁示意图

西壁
九色鹿的故事

主室西壁上段是天宫伎乐十六身，中段有千佛像，中央一身趺坐佛正在说法，神态安详；中段下部是鹿王本生图以及信女请佛故事的前半部分；下段则是一排大力士，充满力量感，守护着这一方神圣之地。西壁最精彩的部分当属九色鹿的传奇故事，古朴的色彩和生动的画面，传递着老百姓“善有善报，恶有恶报”的朴素信念。

天宫伎乐十六身	
千佛像	
九色鹿的故事	信女请佛的故事（前）
一排大力士	

大壁画上的“小字脸”

在千佛像之中，几乎每尊佛像都有一个共同点——他们都有一张“小字脸”。

佛像的“小字脸”并非画师刻意为之，却成为了敦煌早期壁画艺术的一种代表风格。受印度犍陀罗艺术的影响，画师经常采用“凹凸晕染法”来塑造人物。这种方法“染低不染高”，也就是用笔晕染出面部眼窝、鼻翼等凹下的部分，相当于化妆师给脸部“打阴影”，从而形成立体效果。用来晕染的颜料在历史的长河中氧化成黑色，于是原本白色的眼球、鼻梁在脸上更显突出，就像用白色颜料书写的汉字“小”，面部因而形成了一种特别的“小字脸”。

● 西壁中段下部：九色鹿的故事

九色鹿的故事

传说森林中有一只鹿王，它的皮毛能够变幻出九种不同的颜色，因此得名“九色鹿”，不少人都想得到这珍贵的皮毛。一天，九色鹿在河边看到一人落水呼救，不顾性命之危涉水救了他。这个人名叫调达，他对九色鹿感激涕零，并发誓绝不泄露它的行踪，否则全身生疮。然而，有天夜里王后梦见了九色鹿，向国王撒娇要用九色鹿的皮毛做衣服，国王于是悬赏捉拿九色鹿。调达见奖赏如此的丰厚，

把自己的誓言抛到了九霄云外，向国王告密，指引大队人马前去捉拿九色鹿。

当九色鹿被国王的军队包围时，它毫无畏惧，昂首挺立地向国王控诉了调达的忘恩负义。国王被九色鹿的善行感动，下令谁都不可以伤害九色鹿！调达也因为背信弃义，浑身长疮而死。

什么是本生图？

本生图是敦煌壁画中的绘画题材之一，主要描绘了释迦牟尼佛累世修行的故事。这些故事通常讲述释迦牟尼在过去几世的修行中，以各种不同的身份和形象，历经了种种善行和牺牲，积累了功德，最终得以成就佛道。《鹿王本生图》便是讲述了释迦牟尼佛前世作为九色鹿王舍己救人反被出卖的故事。

怎么看横卷式连环故事壁画？

《鹿王本生图》不仅是最早的横卷式连环故事壁画，其特别之处还在于故事是从左右两边同时开始，在中间结束。左边的主题是“救人”与“善心”，右边的主题是“贪婪”与“占有”，两组故事线交织于画面当中，将救人与伤人的矛盾，善良与贪婪的冲突，以及善恶一念间的生命真相娓娓道来。

1. 调达落水

2. 九色鹿舍身相救

3. 调达跪谢九色鹿

白绿相间的花草
三层楼的阙式宫殿
马车（第 257 窟建成于公元 500 年前后，这辆马车是敦煌壁画中最早出现的车辆图像）
调达
国王
王后
（右手搭在国王肩膀上，脚丫微微翘起，尽显骄蛮之态）
6. 国王率军捉鹿
5. 调达告密
4. 王后求国王悬赏捉鹿

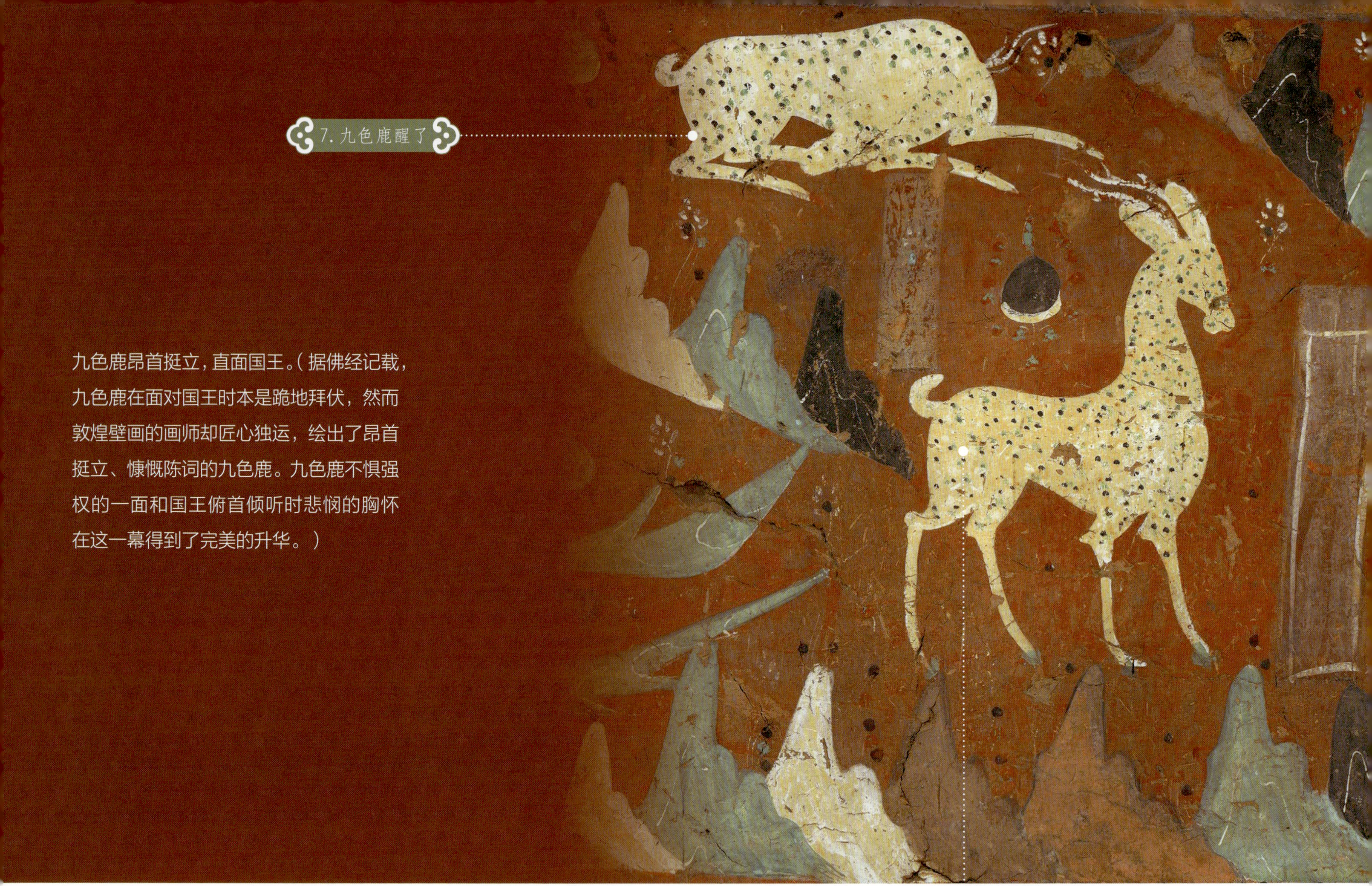

九色鹿昂首挺立，直面国王。（据佛经记载，九色鹿在面对国王时本是跪地拜伏，然而敦煌壁画的画师却匠心独运，绘出了昂首挺立、慷慨陈词的九色鹿。九色鹿不惧强权的一面和国王俯首倾听时悲悯的胸怀在这一幕得到了完美的升华。）

9. 调达生疮而亡

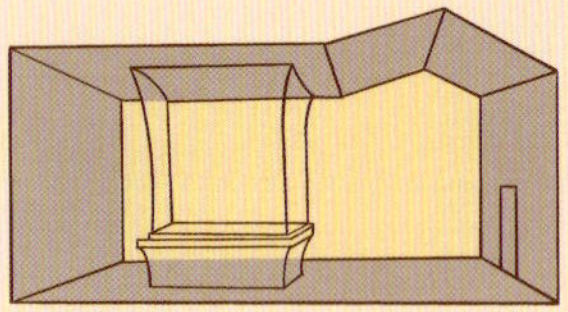

莫高窟第 257 窟
北壁示意图

北壁
信女请佛的故事

主室北壁上段是天宫伎乐二十一身；中段上部是千佛像，中央站立着一尊正在说法的佛；中段下部呈现了信女请佛故事的后半部分；下段则是一排大力士。北壁最精彩的部分当属信女请佛的故事，这幅连环画中人物造型丰富，构图继承了汉画像石横卷式风格，紧凑且具装饰性，生动再现了北魏时期的建筑、服饰及民俗形象。

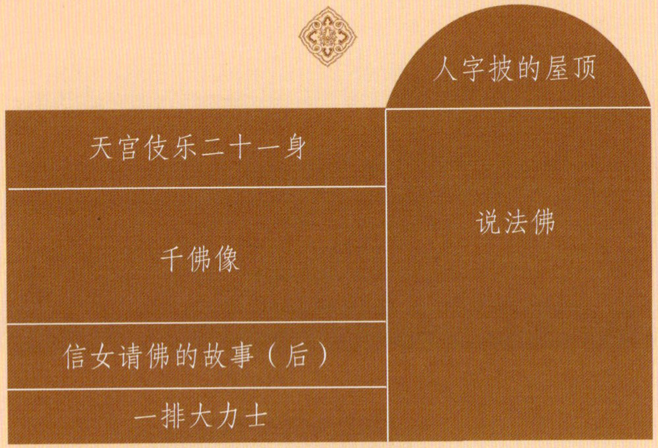

一组飞天头戴宝冠，脖子上戴着璎珞项圈，平行飞翔，衣带飘舞。

丝不如竹，竹不如肉

你看，这一组天宫伎乐，恰好组成了一个五人表演乐队：打鼓、吹笛、弹琵琶、主唱和伴舞样样齐全。中间的三位，集齐了中国音乐的三大精华元素——丝、竹、肉。

有道是“丝不如竹，竹不如肉”，丝竹为乐，人声为音。“丝”通常指弦乐，如琵琶、古筝等；“竹”指管乐，如笛、箫等；“肉”指人的歌声。意思是说弦乐的表现力不如管乐，而管乐又不如人的歌声。在古人的审美观念里，人声的演唱在音乐表达上最为直接、自然和真切，因而最具有感染力。

打鼓

吹笛子（竹）

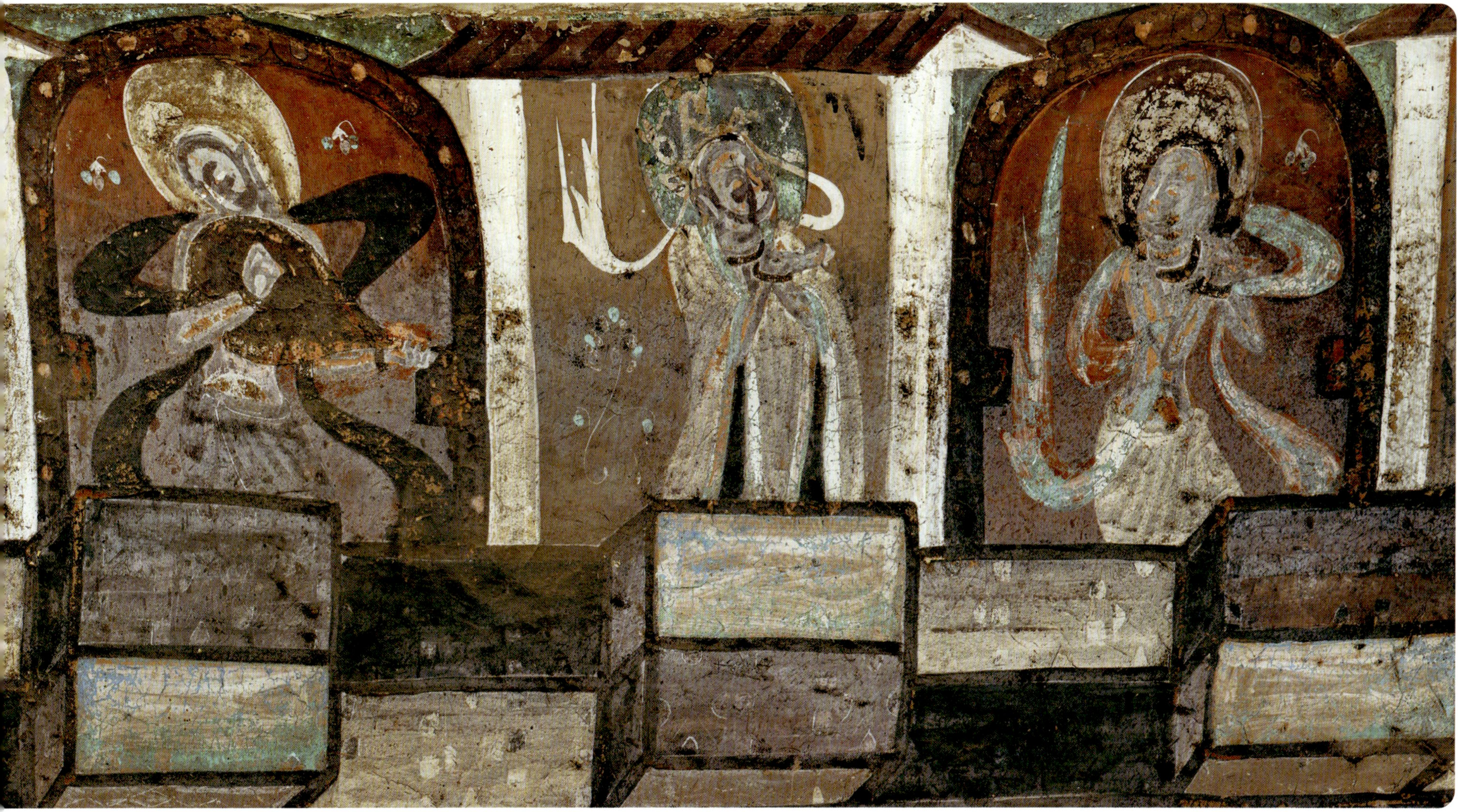

弹琵琶（丝）

主唱（肉）

伴舞

● 信女请佛完整版：西壁中段下部 + 北壁中段下部

信女登楼，烧香请佛

从西壁延续到北壁的这幅长卷连环画，讲述了一位少女在大婚时请佛的故事。从前有个少女笃信佛教，父亲为了给她寻个好归宿，把她许配给了满富国里最富贵的人——满财的儿子。新婚之日，公公满财邀请了六千宾客来参加宴席。在宴席上，少女看到这些不信佛法的人，觉得他们举止粗鲁，心里很不喜欢，于是躺在床上不出来，拒绝行礼。宾客走后，满财心里郁闷难解。这时，满财的好友前来拜访，讲述了佛祖的小弟子曾经向他展示过神通。满财将信将疑，问儿媳妇能不能第二天请佛祖到家里来赴宴，让他和众宾客都亲眼见识一下佛祖的法力。

少女听后特别高兴，马上沐浴更衣，登上高楼，烧香请佛。佛祖被少女虔诚礼佛的心意所感动，于是在第二天先派厨师乾荼带着锅碗瓢盆飞到满财家，接着又命令弟子们“赴宴”。弟子们各显其能，乘坐五花八门的坐骑纷至沓来，场面极其盛大。佛祖也在众多弟子的簇拥下如期而至。佛祖的神力让六千不信佛教的宾客深深折服，满财一家于是全部皈依了佛门，最终都修得了正果。

3. 少女登楼，烧香请佛。
围墙
人字披
帷幔
飞檐
楼高四层
（足见满财家的富贵程度）
宾客们
满财
胡床（马扎）
1. 少女卧床，闭门谢客。
2. 满财向宾客赔礼道歉
4. 满财和他的家眷跪地迎佛

佛门弟子，纷至沓来

在佛国世界里，佛、菩萨等各类神仙都神通广大，有自己的绝活儿和“座驾”。孙悟空可以凭借筋斗云瞬移十万八千里，观音菩萨可以腾云驾雾瞬间救众生于水火。说走就走，说来就来，对他们来说轻而易举，往往只是一瞬间的事。

1. 乾荼等弟子背着炊具飞来

2. 均头沙弥乘花树飞来

3. 周利般特乘青牛飞来

青牛的后腿在奔跑中翻起向天，凸显了速度感，带有汉代造像遗风。牛身呈现鲜丽的青绿渐变色调，与众不同。

4. 罗云乘孔雀飞来

5. 迦匹那乘金翅鸟飞来

6. 优毗迦叶乘龙飞来

7. 须菩提乘琉璃山飞来

8. 迦旃延乘白天鹅飞来

9. 离越乘虎飞来

10. 阿那律乘狮子飞来

11. 大迦叶乘白马飞来

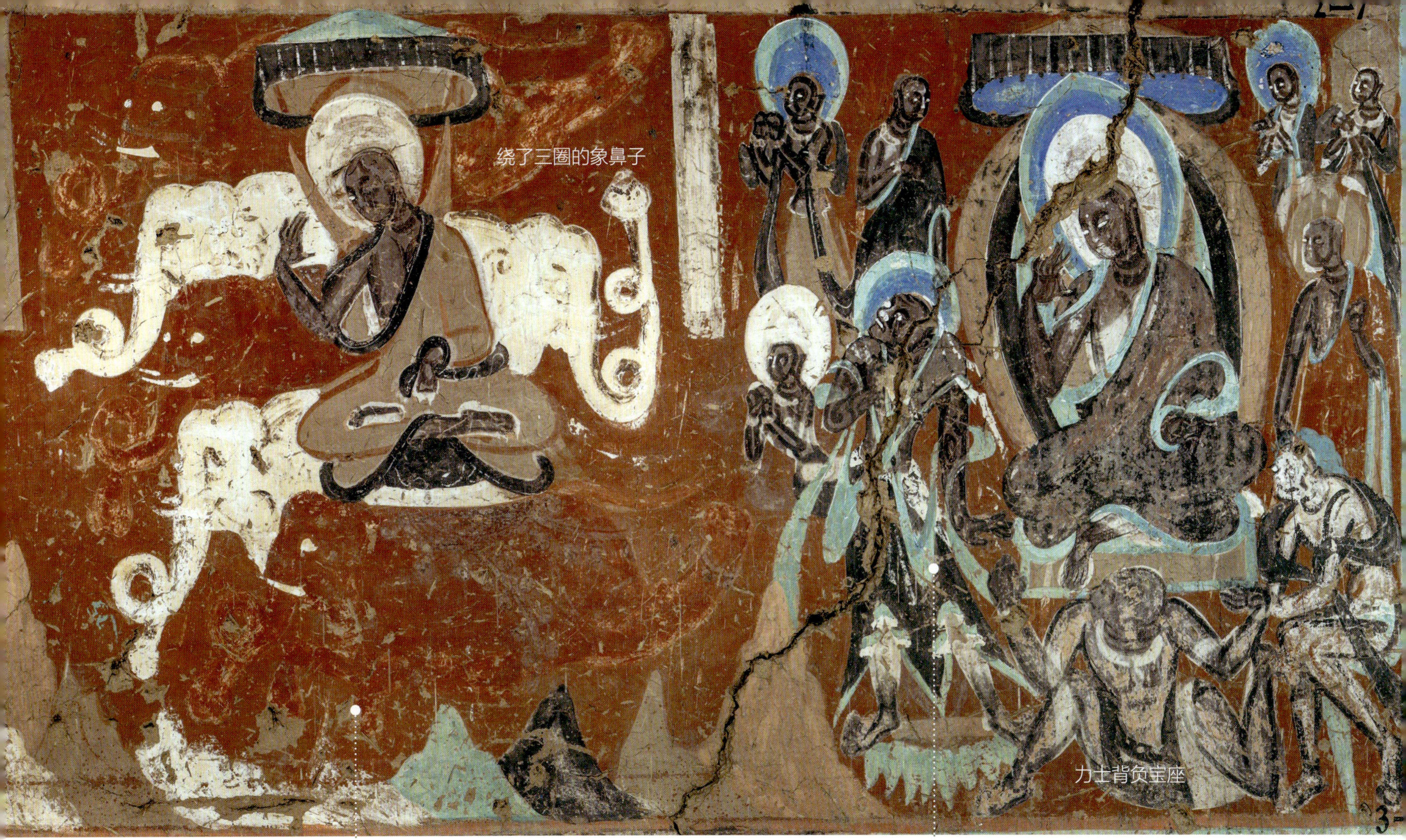

12.大目犍连乘白象飞来

13.佛在弟子的簇拥下缓缓出现

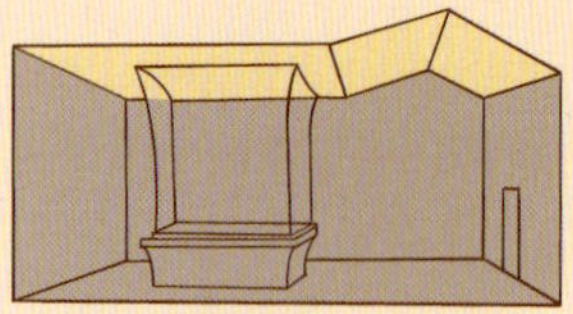

莫高窟第 257 窟
屋顶示意图

屋顶
人字披与平棋

人字披，即人字形的屋顶结构，是中国传统木质建筑中常见的屋顶形式。在敦煌早期（北凉、北魏、西魏、北周）洞窟中，有许多模仿木质建筑的人字披。为适应人字披屋顶结构的装饰需要，敦煌装饰图案中产生了一个独特的类别——人字披图案。

● 汉代建筑风格的人字形屋顶

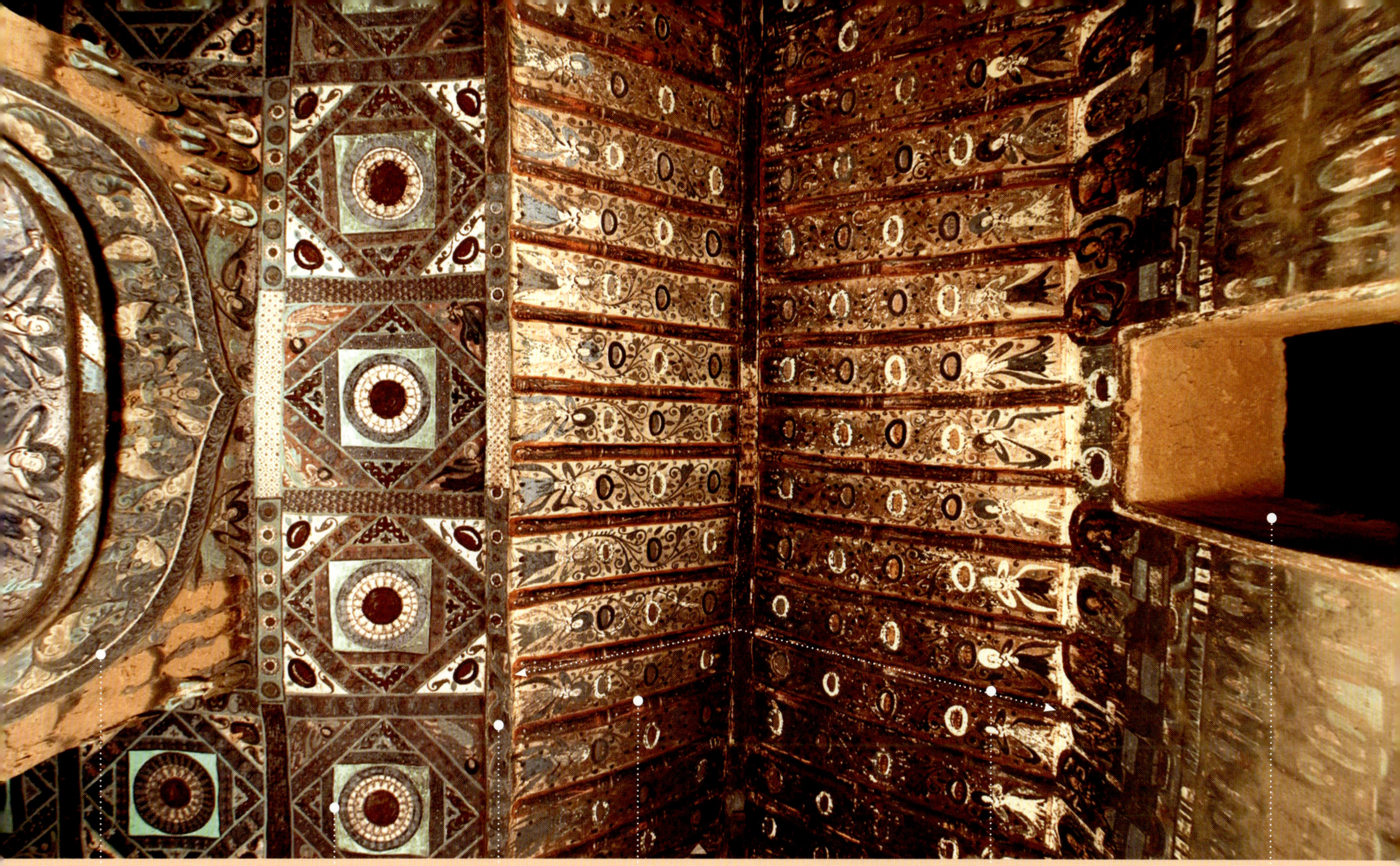

中心塔柱　平棋：天花板　梁：平棋组成　画出的椽子　人字披：人字形屋顶　洞窟入口

同样建于北魏的莫高窟第 254 窟，是莫高窟早期的中心塔柱式洞窟，屋顶的人字披和平棋图案保存较为完整。东披和西披上凸起的椽子间装饰着手持莲花、忍冬的天人图案。

● 宝池莲花平棋图案

平棋

平棋，也就是“天花板”，既有防止屋顶尘土掉落的功效，也有装饰作用。莫高窟早期洞窟中的平棋图案，常用来表现天宫的景象。第 257 窟的平棋中心方格内画有一宝池，池中莲花蔓生，四人在蓝色的水池里围着莲花游泳嬉戏，周围有水草点缀，水里还有禽鸟游乐。平棋外层的四角画有飞天，和水池里的人呼应。因其动感十足，这幅图还被选为奥运宣传画代表古代的游泳运动。

完整的人字披和平棋

在莫高窟同为北魏时期的第248窟中，人字披和平棋图案保存较为完好，更直观地展现了人字形的屋顶结构和天花板的装饰之美。一字排开的平棋为梁，两边呈现人字披的结构，人字披的椽子之间画有不同的人物和图案装饰。

网状雀尾花连续纹

火焰纹

飞天

四人花样游泳

这里既有中国的伏羲、女娲、雷神、朱雀、饕餮神怪，又有太阳神、月神、大力士、飞天等西方神灵，中西方艺术在此交汇。可以说，莫高窟第 285 窟是中国式佛教艺术的转折点。

莫高窟第285窟

流光溢彩的万神殿

时代：西魏　洞窟形制：覆斗顶型

● 莫高窟第 285 窟

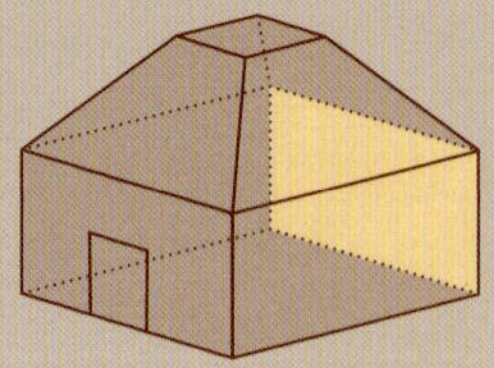

莫高窟第 285 窟
西壁示意图

西壁
如来在此坐镇

首先映入眼帘的是，墙壁的中央凿有一个大龛，两侧各有一小龛，每个龛内有一尊彩塑造像。中间是释迦牟尼佛（就是我们熟悉的如来）坐在椅子上说法，两侧是头戴风帽的禅僧在打坐听法与修行，西壁的构图体现了明显的对称性。

1. 释迦牟尼佛垂足而坐
2. 龛楣上的乐伎
3. 太阳神和他的家眷随从
4. 三凤驭车
5. 长胡子婆娑仙人
6. 风帽禅僧
7. 飞天
8. 一组四大天王
9. 月神和他的家眷随从
10. 狮子驭车

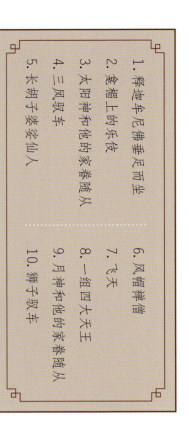

2
7
9
10
1
8

为什么他们的坐姿不一样？

虽然都是坐着，姿势可不一样。说法佛垂足而坐，风帽禅僧则是盘腿而坐。魏晋南北朝时期，随着多民族文化与生活的融合，胡床、交椅等坐具从西域传入，并逐渐与中原家具相融合。于是秦汉时期流行的“席地而坐”逐渐过渡为“蜷腿坐”“盘腿坐”。随着坐具由低变高，扶手靠椅等新式坐具也相应出现，“垂足而坐”逐渐流行起来。

盘腿坐

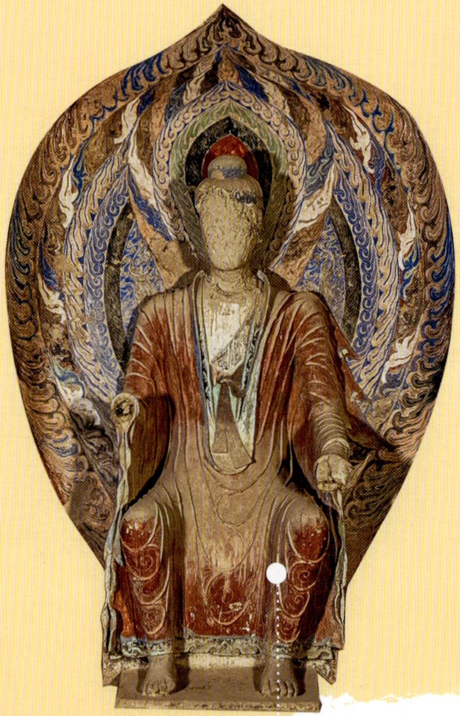
垂足而坐

盘腿坐

释迦牟尼是谁？

释迦牟尼佛原本是古印度的一位王子，衣食无忧。可他看到人们为了利益打得头破血流，动物们也是弱肉强食，感触颇深。29 岁时，勇敢的王子决定放弃荣华富贵，寻找解脱的办法。他苦行六年，却一无所获。后来，他转而追求内心的修行，在菩提树下思考了 49 天，终于大彻大悟，修成正果！修成正果后，他开启了四处说法的生活，普度众生。

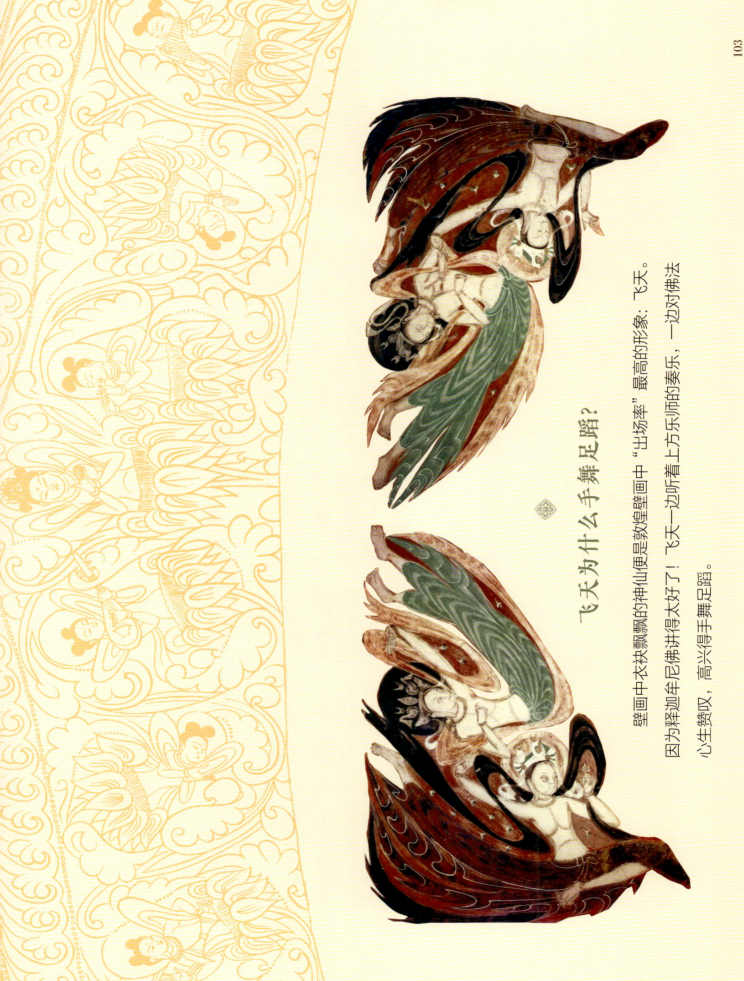

飞天为什么手舞足蹈？

壁画中衣袂飘飘的神仙便是敦煌壁画中“出场率”最高的形象：飞天。因为释迦牟尼佛讲得太好了！飞天一边听着上方乐师的奏乐，一边对佛法心生赞叹，高兴得手舞足蹈。

鸡蛋形状的圆圈是什么？

● 从左至右：太阳神（日天）和他的家眷随从（太阳神的家眷随从多为女性面庞）

● 从右至左：月神（月天）和他的家眷随从（月神的家眷随从多为男性面庞）

太阳神

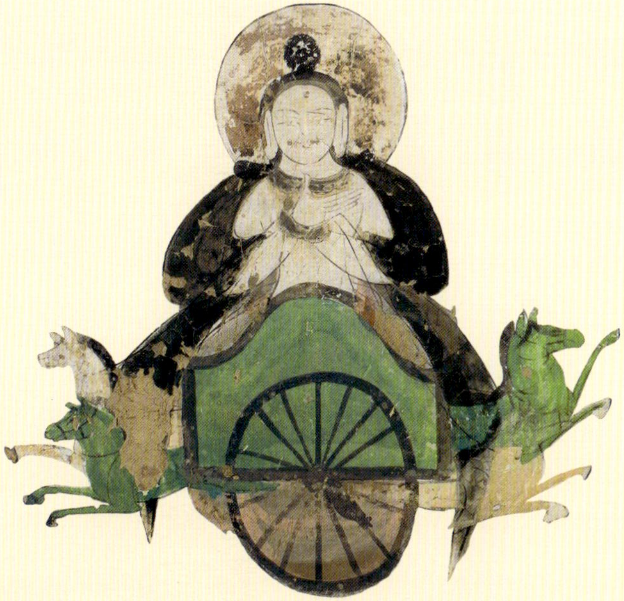

太阳神（日天）端坐在四匹马拉着的车中

月神

月神（月天）双手交叉坐在车厢中。由于画面剥落严重，只能依稀看出车厢和车轮的辐条。

太阳神眷属

太阳神（日天）的家眷随从之一

月神眷属

月神（月天）的家眷随从之一

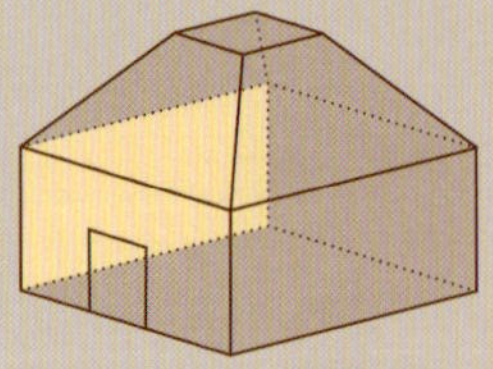

莫高窟第 285 窟
南壁示意图

南壁
五百强盗修炼成佛

从前有批强盗占山为王，烧杀抢掠，并阻断国家对外交往的通道。国王大怒，派大军出击，把强盗们打得屁滚尿流，将其全部抓获。强盗惨了，被挖眼扒衣扔到荒山野林，又饿又疼，不断哀号。佛祖闻声动了恻隐之心，送药治伤帮他们复明。随后佛祖亲临山谷说法，告诉他们落得这般惨状是因为作恶太多，只要知错能改，就能赎罪。强盗们诚心悔过并礼拜佛祖，从此在山林隐居修炼，互相鼓励，终成正果，变为五百罗汉。

1. 持箜篌的伎乐飞天
2. 歇山顶的宫殿
3. 屋顶的斗鸡
4. 释迦多宝二佛对坐
5. 沙弥守戒的故事
6. 大力士之一

1
4
5
6

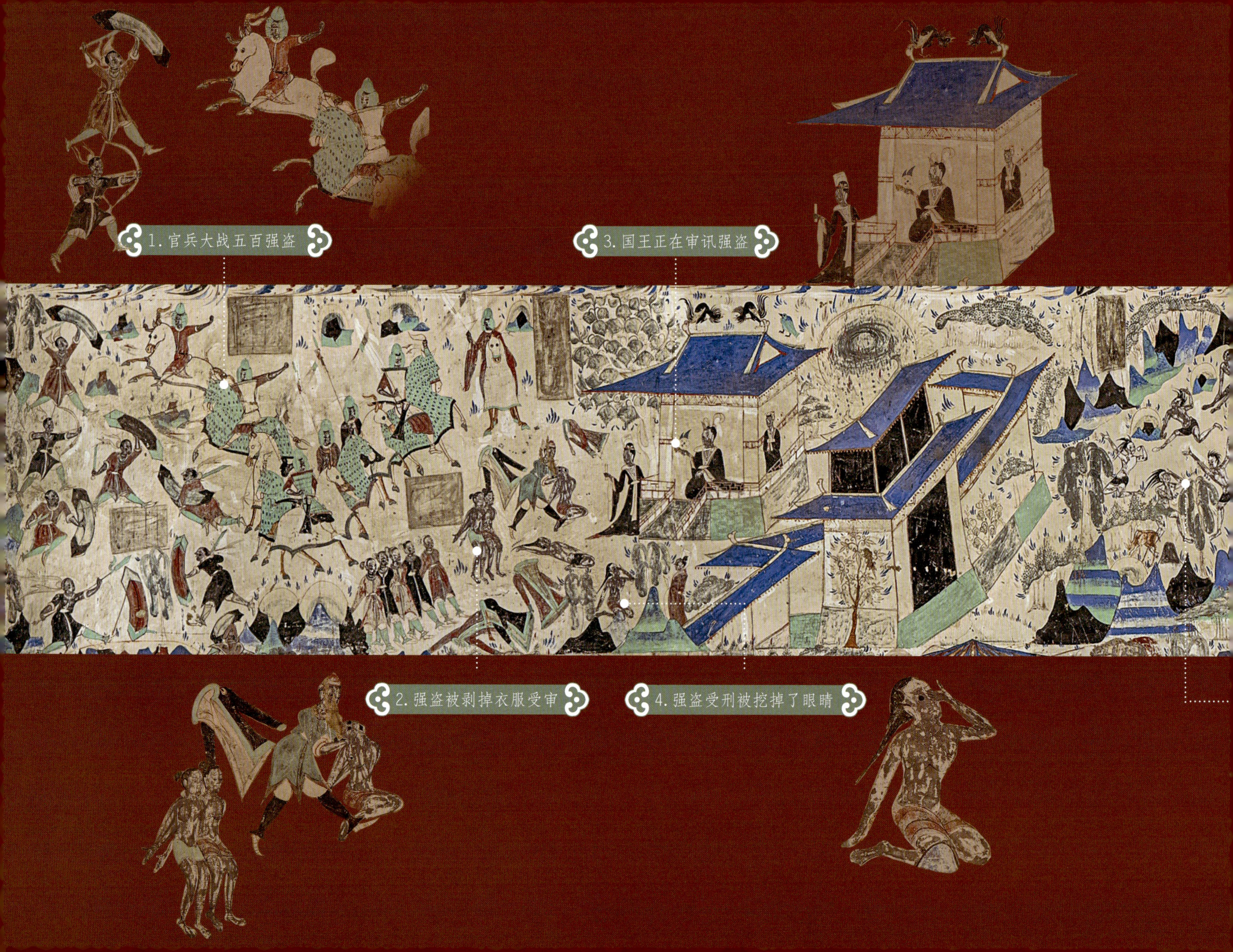
1. 官兵大战五百强盗
3. 国王正在审讯强盗
2. 强盗被剥掉衣服受审
4. 强盗受刑被挖掉了眼睛

6. 佛祖为强盗们说法，鲜花纷纷从天上飘落。强盗们的眼睛重获光明。
7. 天花乱坠
5. 强盗们痛苦哀号
8. 修成罗汉，口吐莲花。

“天花乱坠”成语的由来

成语“天花乱坠”正是源自佛教典故。魏晋南北朝时期，佛教极为盛行。佛教徒们通过讲述经书中的传奇故事，向百姓宣传佛教。传说有一位云光法师讲经讲得非常精彩，竟然感动了上天，于是天上的鲜花纷纷飘落下来。不过，如今“天花乱坠”一词已演化为贬义，形容说话时语言华丽浮夸但不切实际。

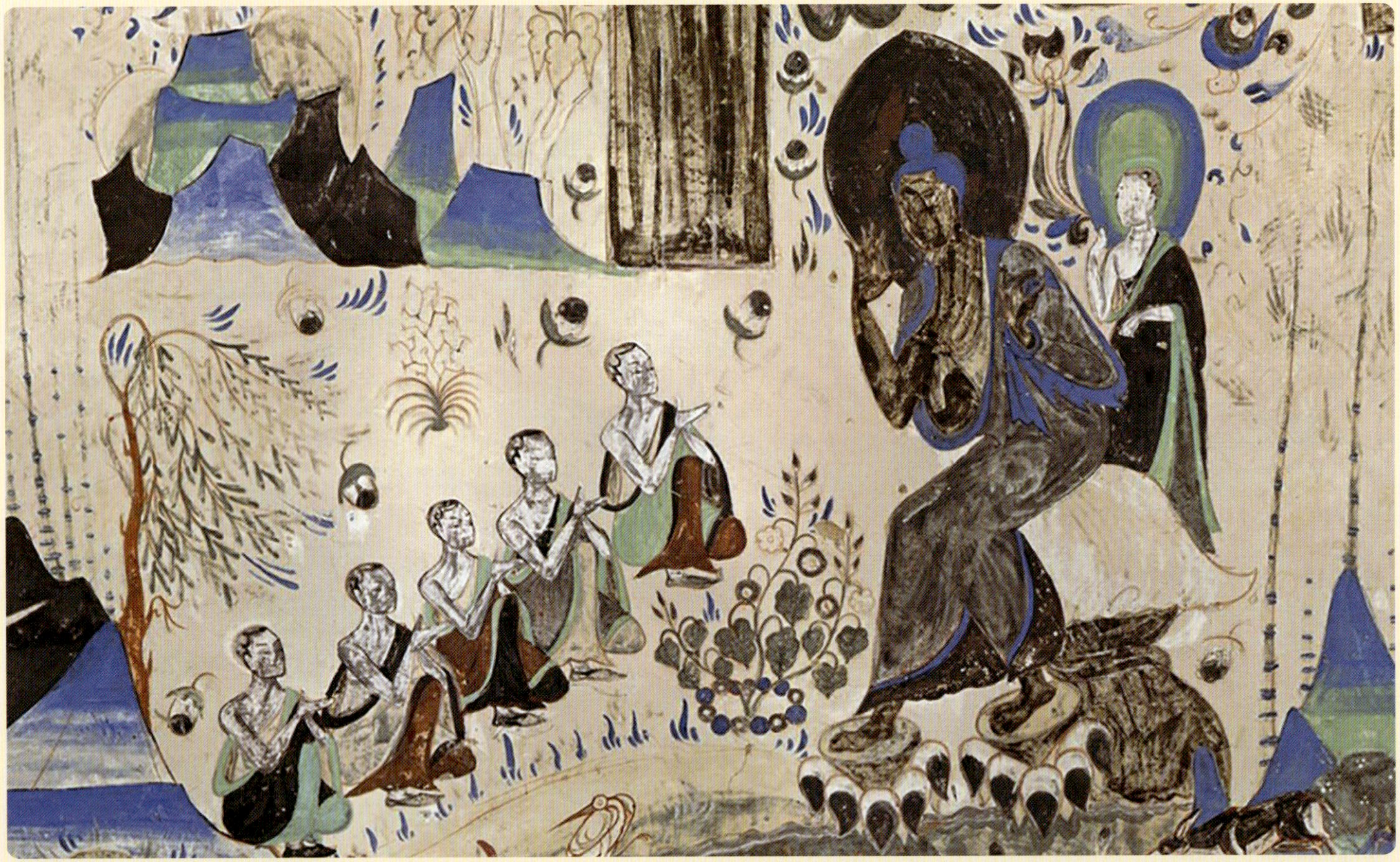

“口吐莲花”成语的由来

在佛教中，说法者讲经时滔滔不绝，言辞美妙，听者感到说法人口中仿佛能绽放出莲花一般。后来，人们用“口吐莲花”形容一个人说话非常有文采、言辞优美动听。

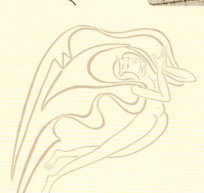

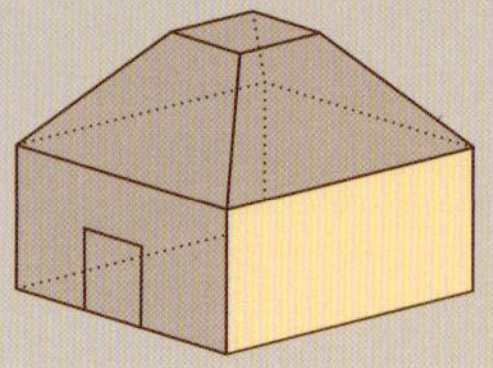

莫高窟第 285 窟
北壁示意图

北壁
“供养人”就是“金主”

北壁的上段画有七铺说法图，每铺下方画有男、女供养人。什么是供养人呢？供养人就是洞窟的“金主”与“施主”，是出钱开凿洞窟，或者资助雕塑造像、绘制壁画的有钱人。大多数洞窟里都会画着供养人像，而且还会在旁边写上供养人的名字。

供养人有的时候是一个人，更多的时候是一大家子人，还有的是一座寺庙，或是好多民众通过结社集资在一起，成为共同供养人。一般推测，莫高窟第 285 窟是北魏、西魏时期瓜州刺史、东阳王元荣修建的，所以这面墙壁上画着的供养人很有可能就是他与家眷随从。

1. 七铺说法图
2. 记载日期的发愿文
3. 供养人
4. 禅室
5. 忍冬纹双鸽图案龛楣
6. 手舞足蹈的金刚力士

1
2
3
4
5
6

第二铺说法图及供养人

北壁上部画有七铺说法图，我们从左往右展示第二铺和第六铺说法图。

火焰纹

胁侍菩萨是秀骨清像的造型

佛祖是印度式圆脸

胁侍菩萨双手捧大花盆

佛祖穿印度式红色双领下垂式袈裟

莲花座

比丘及男供养人

女供养人

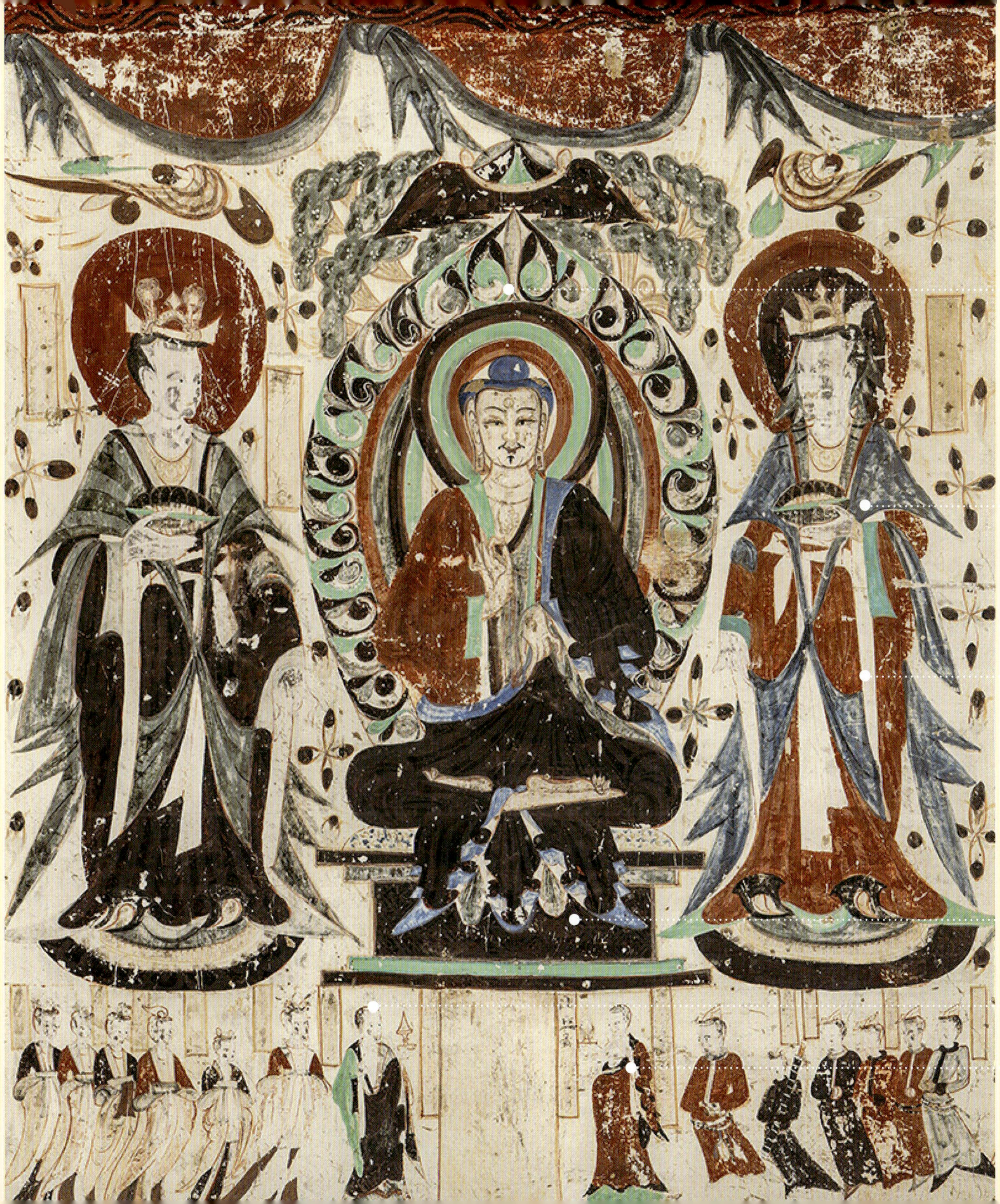

第六铺说法图及供养人

千眼纹

胁侍菩萨一手持花，一手捧小盘。

胁侍菩萨身穿汉服，衣带飘飘。

金刚宝座（也称须弥座）

比丘尼及女供养人

比丘及男供养人

北壁发愿文中存有西魏大统四年（公元 538 年）纪年的榜文，这是敦煌石窟记录中最早的确切开凿年代的记载。

头扎单髻　　头戴巾帽　　男童梳双丫髻

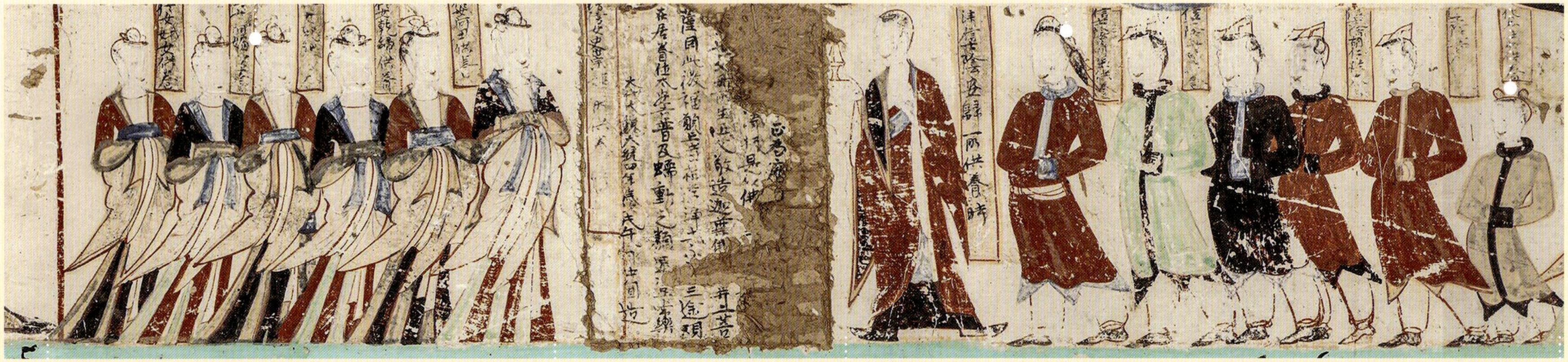

女像六身　　男像七身

女供养人身穿对襟襦裙　　男供养人身穿圆领窄袖袍服

忍冬纹双凤龛楣

供养菩萨身穿
印度式袈裟

胁侍菩萨身穿
汉服

金刚力士双手托举

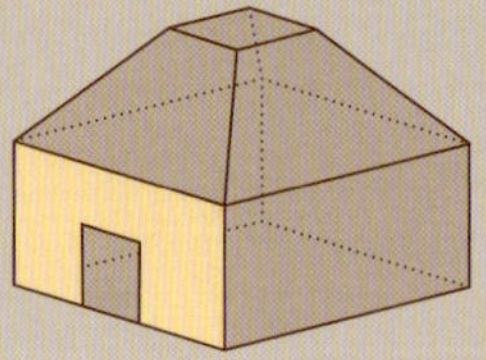
莫高窟第 285 窟
东壁示意图

东壁
阿弥陀佛，他们都是谁？

“阿弥陀佛，善哉善哉！”人们常说的“阿弥陀佛”指的就是无量寿佛，他主管着西方“极乐世界”，被视为西方净土的教主。围绕在无量寿佛周围的是他的四位弟子和四身胁侍菩萨。洞窟佛龛一般有固定的样式，佛像周围常有两位或四位弟子（光头僧人像），以及两身或四身胁侍菩萨（头戴宝冠）。

传说无量寿佛特别聪明，领悟能力超强，年轻的时候就把佛教的道理给彻底弄明白了，修行水平很高，而且活的岁数很大，因此被大家称作无量寿佛。

1. 三身坐佛
2. 火焰纹
3. 华盖
4. 无量寿佛
5. 金刚宝座
6. 洞窟入口

1
2
3
4
5
6

四位弟子身穿袈裟，虔诚听法。
头顶悬华盖
背光环绕一圈小佛像
飞天上下起舞
红色袈裟
四身胁侍菩萨头戴宝冠，身穿汉服。
无量寿佛，也是褒衣博带，秀骨清像。
男供养人十三身
女供养人十三身

群山连绵起伏，犹如江崖纹。

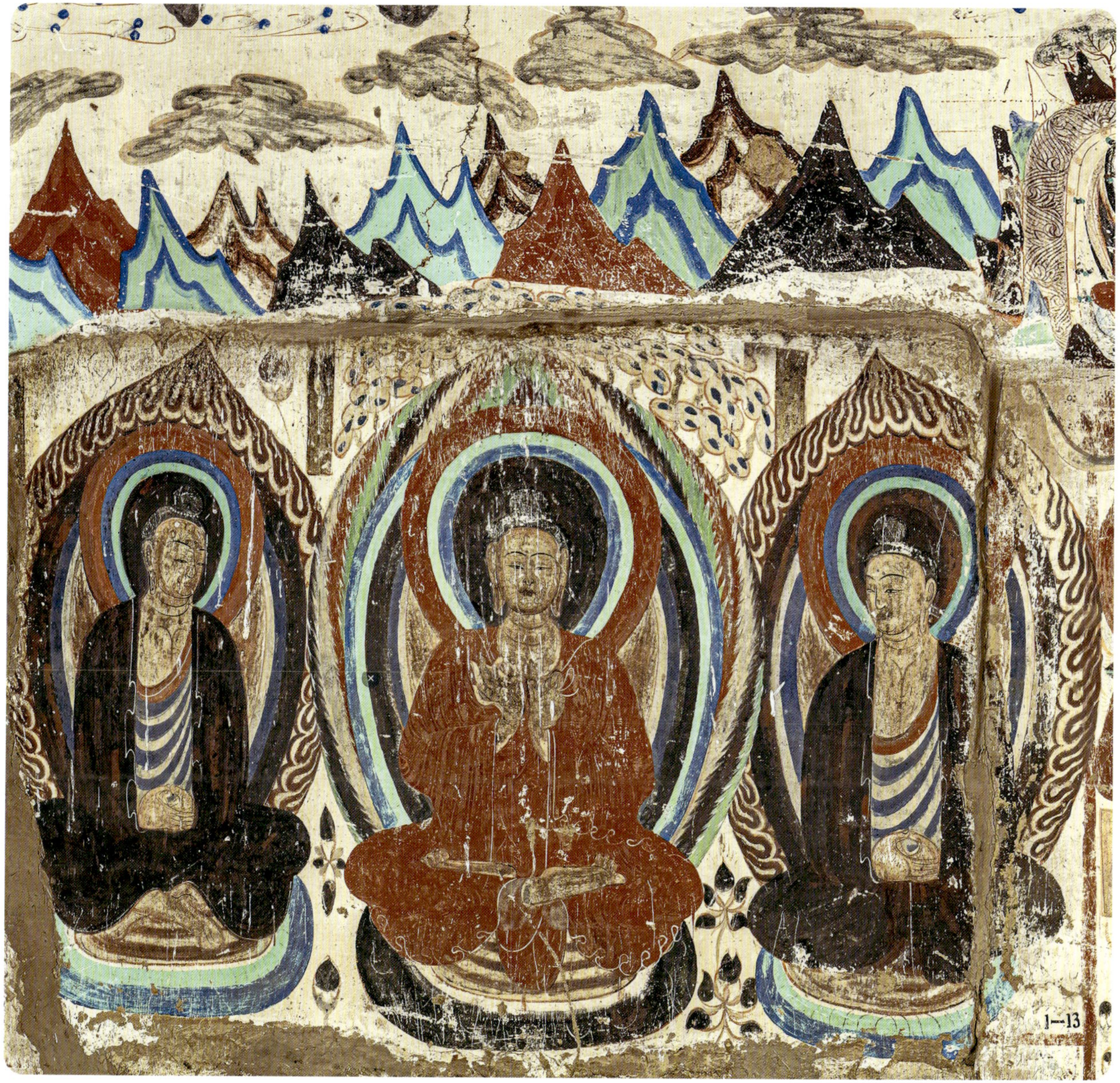

三身坐佛，身后绘有火焰纹。

海水江崖纹

中国的一种传统纹样。它由“海水纹”和“江崖纹”两部分构成，俗称“海水江崖”，既寓意福山寿海，也象征着江山永固、绵延不断等。在古代，它常与龙纹、禽兽纹、八宝吉祥纹饰等搭配使用，常用于官服补子、下摆、袖口等部位。

火焰纹

火焰纹主要装饰在佛的背光、头像之中。火焰燃烧的强烈状态和升腾的动感，寄托了世人对纯净光明的佛法世界的向往。

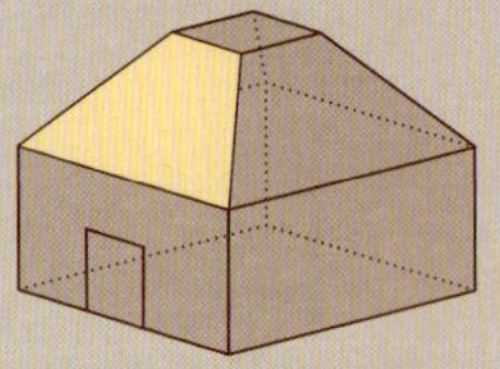

莫高窟第 285 窟
东披示意图

东披

伏羲女娲创造天地

东披画面中央有两个大力士，他们一起举着一朵蓝莲花，蓝莲花上有一颗大型的摩尼宝珠。摩尼宝珠两边各有一人，这二位是谁呢？仔细看，画面中一人手持圆规，一人手持矩尺。原来是女娲和伏羲呀！传说中，他们都长着人的身体、蛇的尾巴或龙的爪子。女娲手上的圆规能够画出一个圆，象征她创造了天；伏羲手中的矩尺能画出方形，象征他创造了地。“没有规矩，不成方圆”的俗语因此而来。

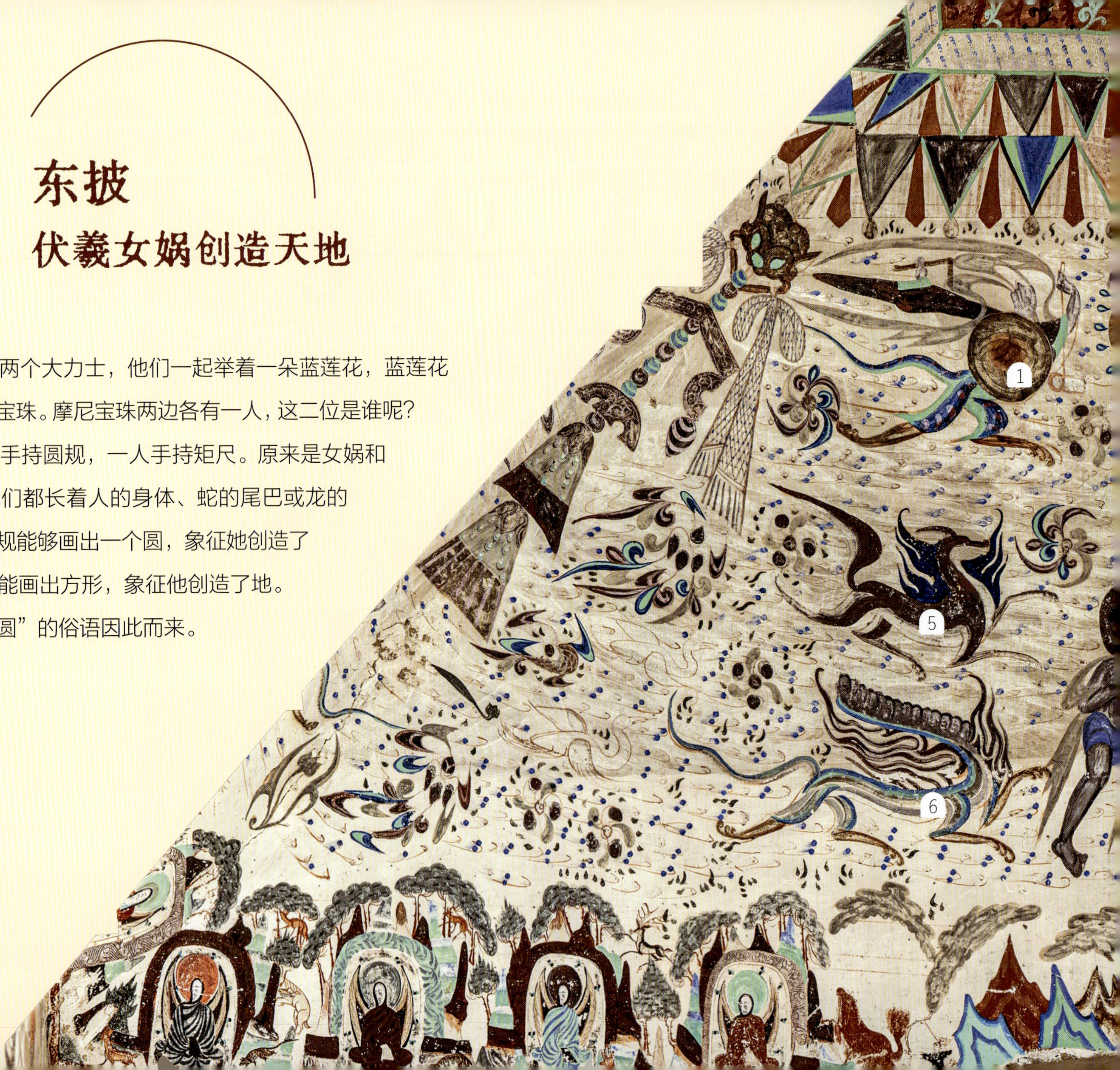

1. 伏羲
2. 摩尼宝珠
3. 莲花
4. 女娲
5. 飞廉
6. 十四首开明（天皇）
7. 力士
8. 乌获

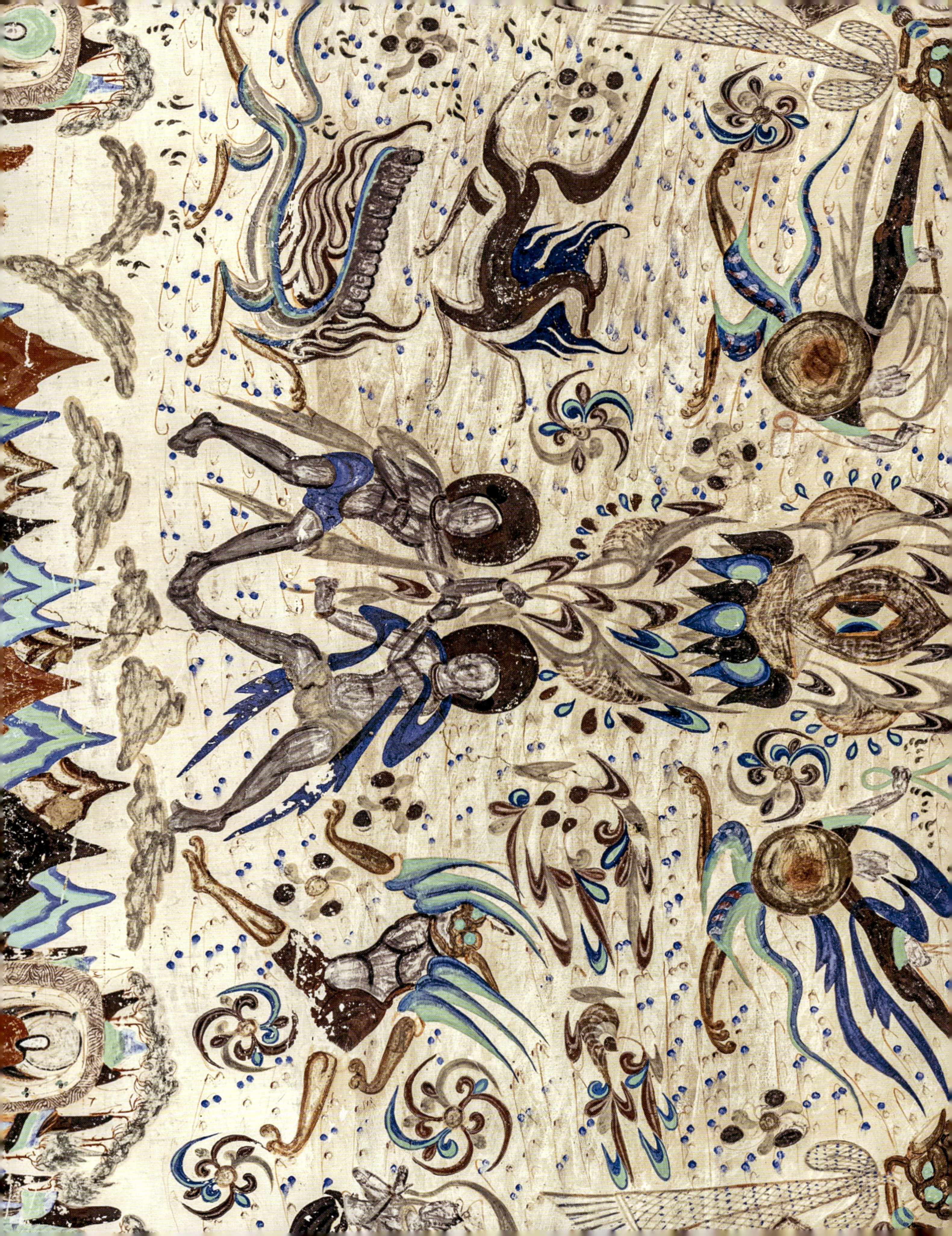

蓝莲花

佛教认为人去世后会化身为莲花里的童子，在莲花的净化下心灵变得干净，从而进入西方净土。

大力士

两个大力士光着脚丫，二人服饰色彩对称出现：一人身穿蓝色的短裤、披着淡黄色的披巾，另一个人身穿淡黄色的短裤、披着蓝色的披巾。

一等的宝石做颜料

中国本土的蓝、绿色矿石产量并不多，正是因为丝绸之路的打通，许多蓝、绿色的宝石与矿石（包括青金石、孔雀石等）得以从古波斯（今伊朗）传入中原。这些蓝绿色石头不仅被用来制作漂亮的珠宝，还能做成颜料。敦煌壁画上那些蓝绿相间的颜色，很多就是用宝石磨成粉末，调和蛋液和树胶制成颜料绘制而成的。蓝绿宝石为后来青绿山水画的诞生，奠定了颜料的物质基础。

绿松石

青金石

伏羲

手持矩（类似直角尺）

女娲

手持规（圆规）

飞廉

长着翅膀，形似鹿的神灵。

乌获

长着翅膀的大力士。

十四首开明

开明是神话中的一种怪兽，有人的面孔和老虎的身躯，代表着其强大的力量和智慧。

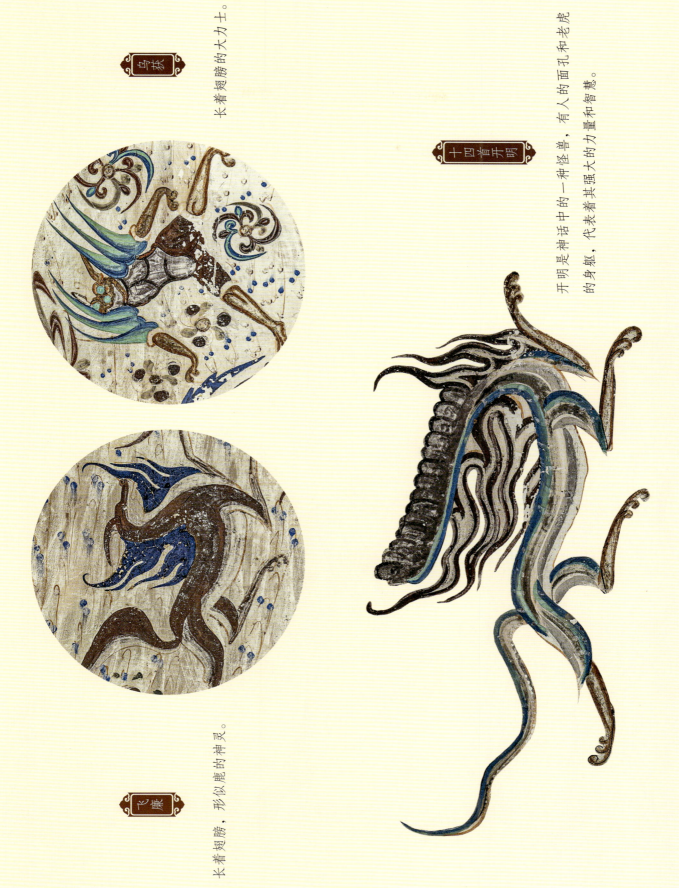

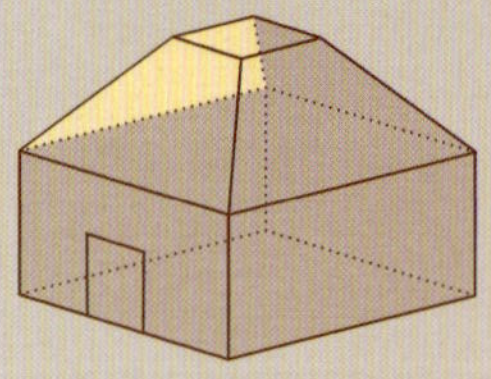

莫高窟第 285 窟
南披示意图

南披
朱雀护卫南方

南披的摩尼宝珠两侧有两身衣袂飘飘的飞天。南披两侧转角处面目狰狞的大怪兽就是传说中最贪吃的猛兽——饕餮（tāo tiè）。南披有三身手舞足蹈、姿态各异的乌获，还藏着一位特殊的神兽——朱雀，它是掌管南方七宿的南方之神。

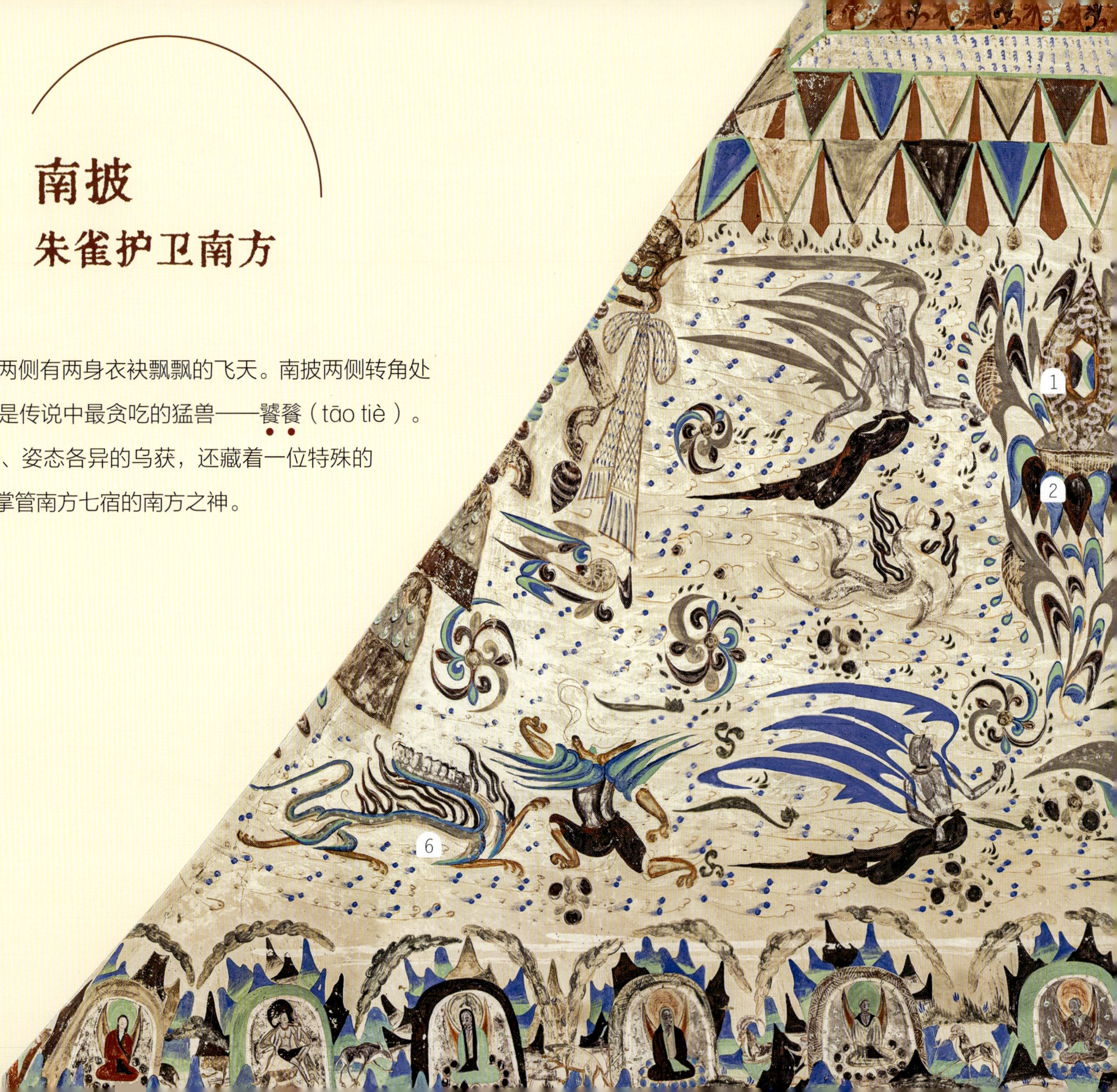

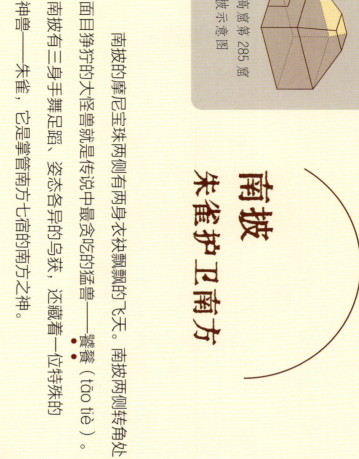

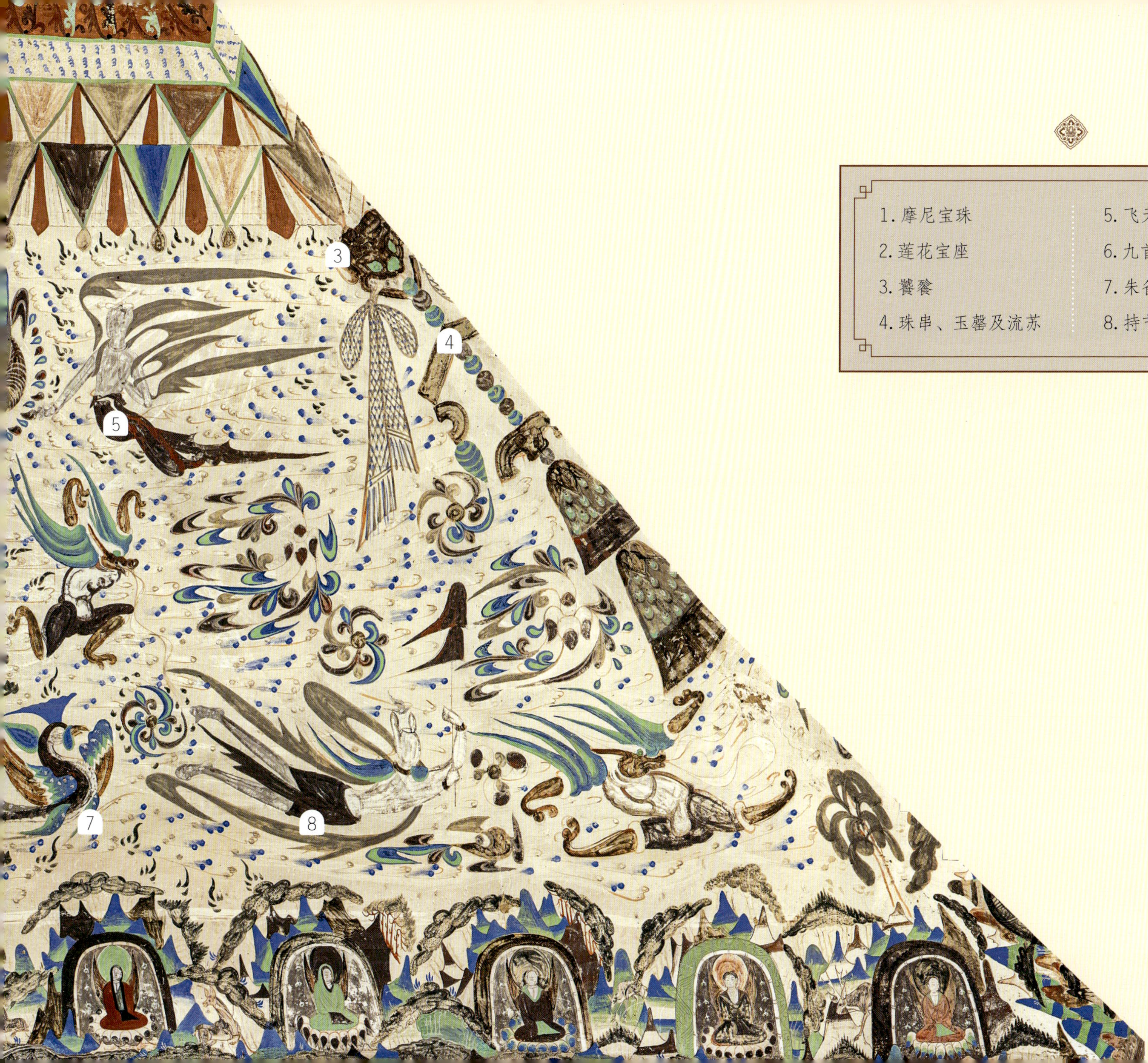

1. 摩尼宝珠
2. 莲花宝座
3. 饕餮
4. 珠串、玉罄及流苏
5. 飞天
6. 九首开明（人皇）
7. 朱雀
8. 持节羽人

飞天

兼具西域风格和

中原风格的飞天

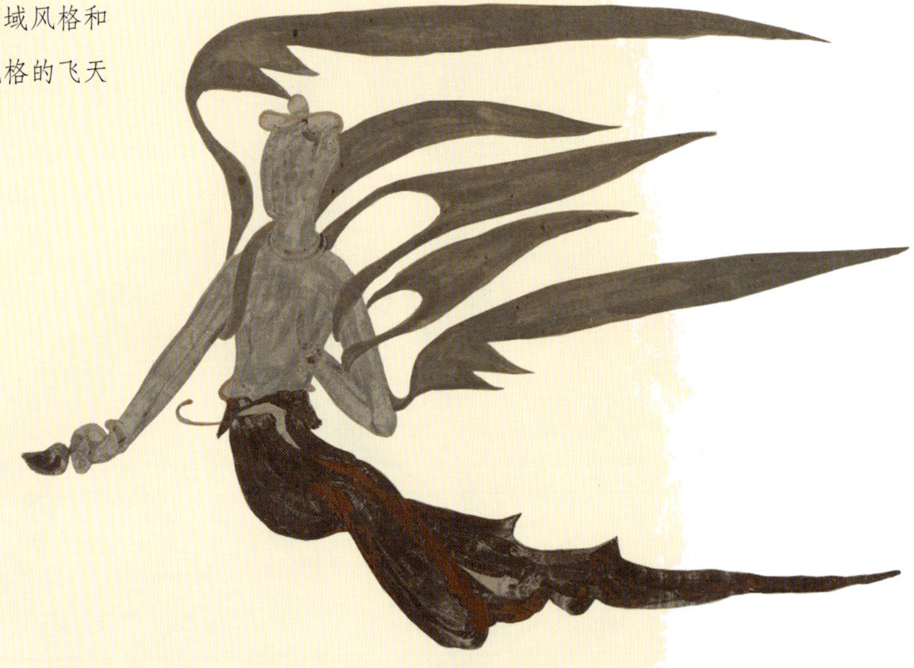

敦煌飞天进化小史

1. 西域风格“V”字形飞天

（北凉 · 莫高窟第 275 窟）

2. 中西合璧样式的飞天

（西魏 · 莫高窟第 285 窟）

3. 完全中国化的飞天

（唐代 · 莫高窟第 172 窟）

饕餮

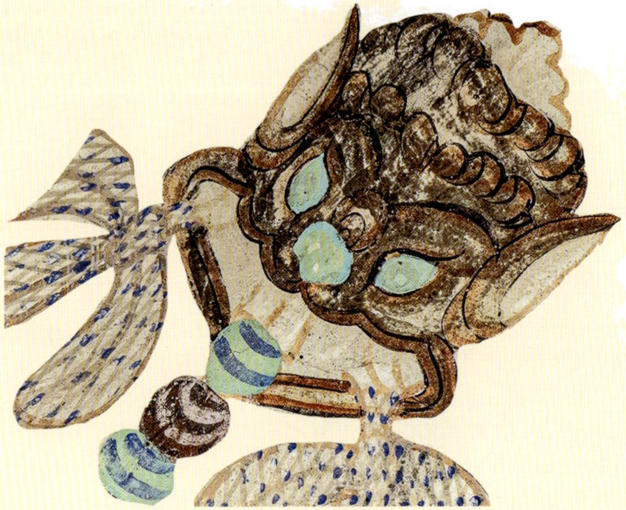

它的眼睛又大又圆，獠牙锋利，表情狰狞，它就是饕餮。它贪吃到什么地步呢？据说只吃不拉！人们用它形容贪婪之徒，不过现在也经常用“老饕”形容可爱的“吃货”啦。

朱雀

中国古代神话中的天之四灵（东方青龙、南方朱雀、西方白虎、北方玄武）之一，它的羽毛华丽，仪态高贵，代表着南方、夏季、火、太阳等元素，象征着吉祥。

羽人

羽人的肩膀上生长着绿色的羽毛，耳朵从头顶伸出，飞翔于云彩之间。

九首开明

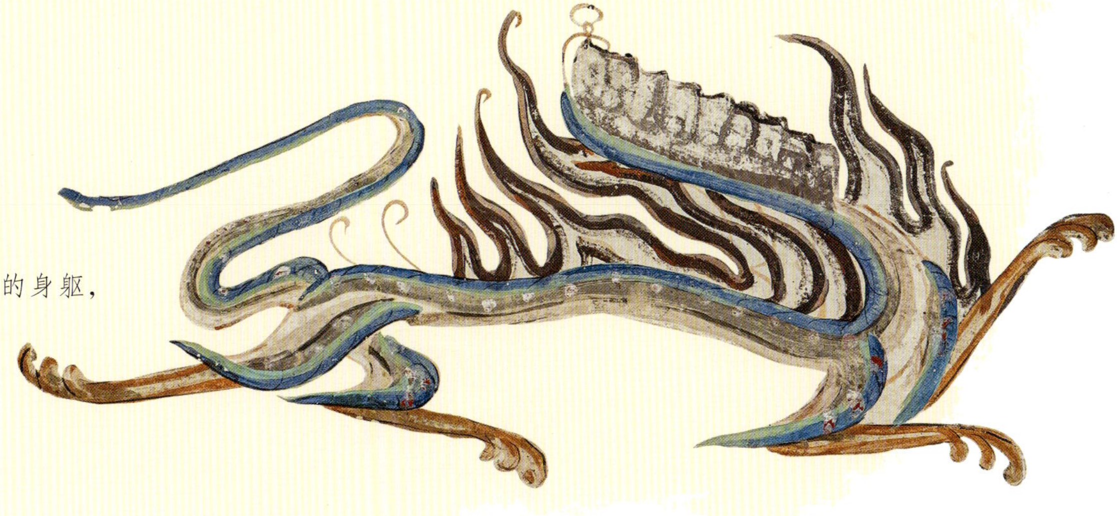

有九个头，老虎的身躯，背生火焰。

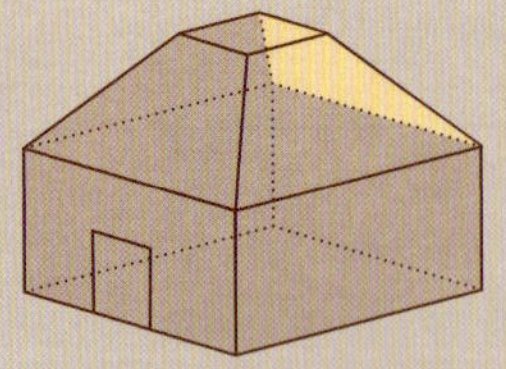

莫高窟第 285 窟
西披示意图

西披
“击鼓达人”雷神

画面中最特别的图案，恐怕是左右两侧许多绿色的小圆圈环绕着两位手脚并用、貌似舞蹈的神仙——雷神。古人认为鼓敲击出来的声音与天上的雷声相似，所以雷神就被画成了“神人击鼓”的形象。中央飞天的下方有一位仙人手举花盆从蓝莲花中喷涌而出，飞廉护卫在花盆左右，飞廉的下方各有一只猕猴穿越于山中。

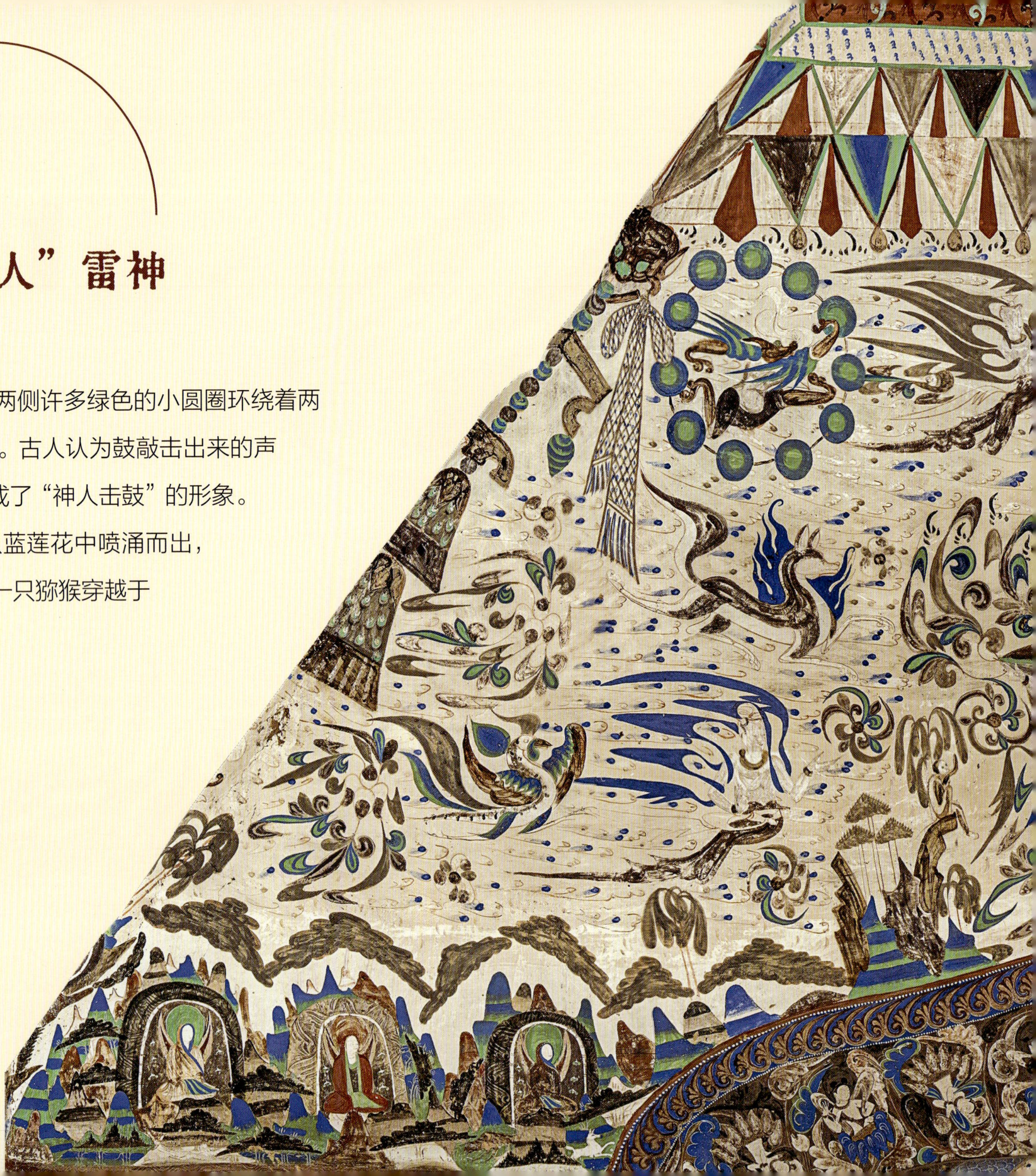

1. 飞天
2. 蓝莲花
3. 雷公击连鼓
4. 飞廉护卫莲花
5. 猕猴登山
6. 仙人乘鸾

手举花盆
蓝莲花
龛楣

雷神击连鼓

奋臂出袖的雷神周围环绕着一圈鼓，生动地展现了其作为“鼓手”的形象。这种多个鼓在一起击打的形式，古代叫作“连鼓”。

飞廉护卫莲花盆

传说骑上飞廉可以飞升成仙，莲花象征着仙界、净土相。飞廉护卫莲花盆暗示着对超凡脱俗、进入神圣境界的追求。

猕猴登山

中国文化里，猴子是最聪明、最有悟性的动物，“猴”与“侯”谐音，象征着升官封侯。猕猴登山的场景蕴含着人们对封侯晋爵、美好前途的期盼。

飞天高举莲花

两身飞天合十相对，
高举莲花叶。

仙人乘鸾

鸾凤是中国古代神话中的神鸟，被视为祥瑞之兆。仙人乘鸾的姿态轻盈优美，仿佛在云雾缭绕的空中自在飞翔。

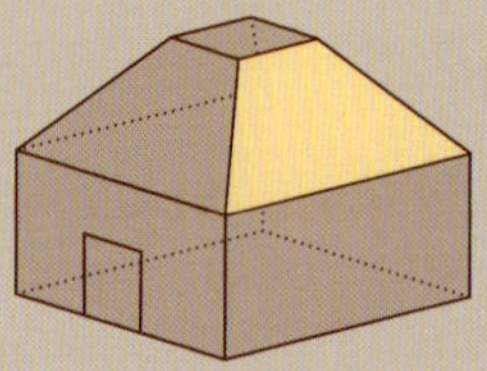

莫高窟第 285 窟
北披示意图

北披

电神倾尽全力打闪

有了雷神，怎么能没有电神？有的神话传说中，电神是通过手持镜子来反射出电光；但敦煌壁画中的电神，却是通过击打铁杵，碰撞产生的火花来放闪电，俗称打闪。电神上方是千秋人面鸟，它展开双翅，在空中翱翔，守护着这片神圣的空间。

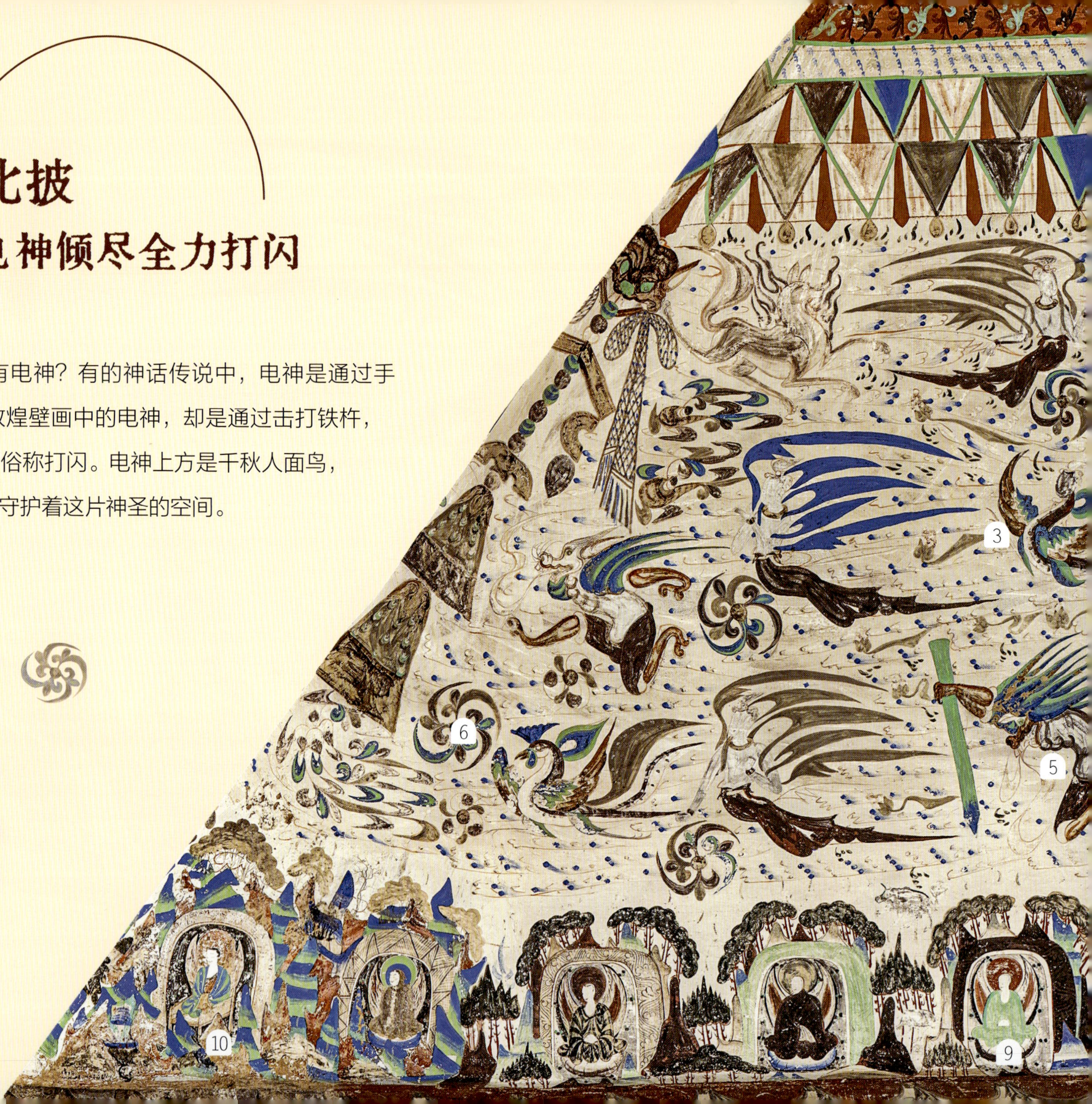

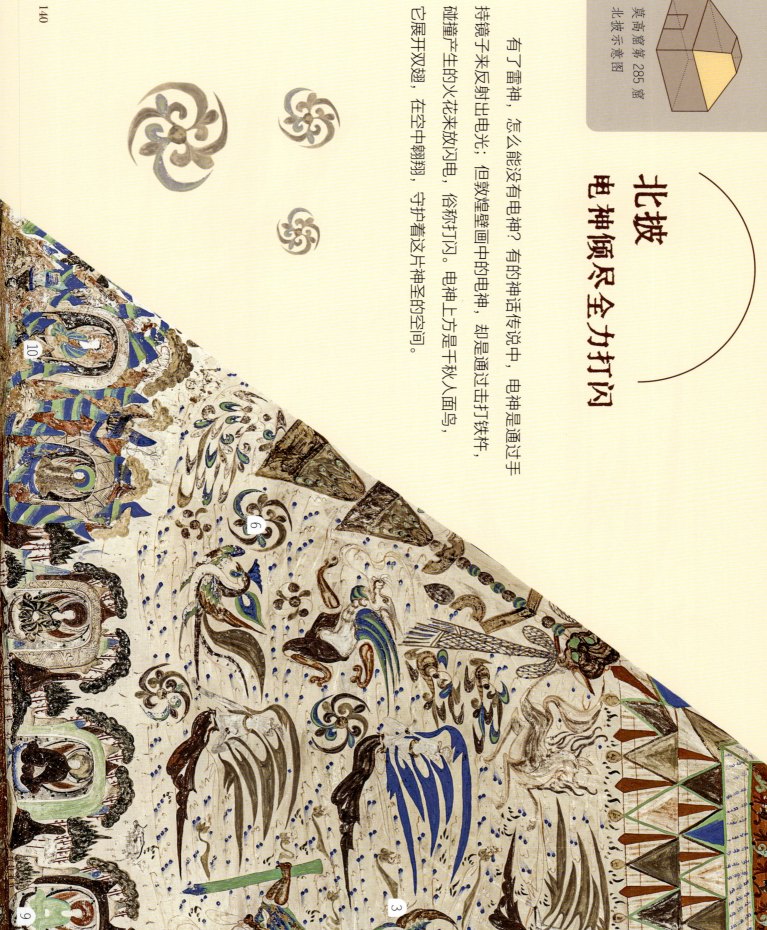

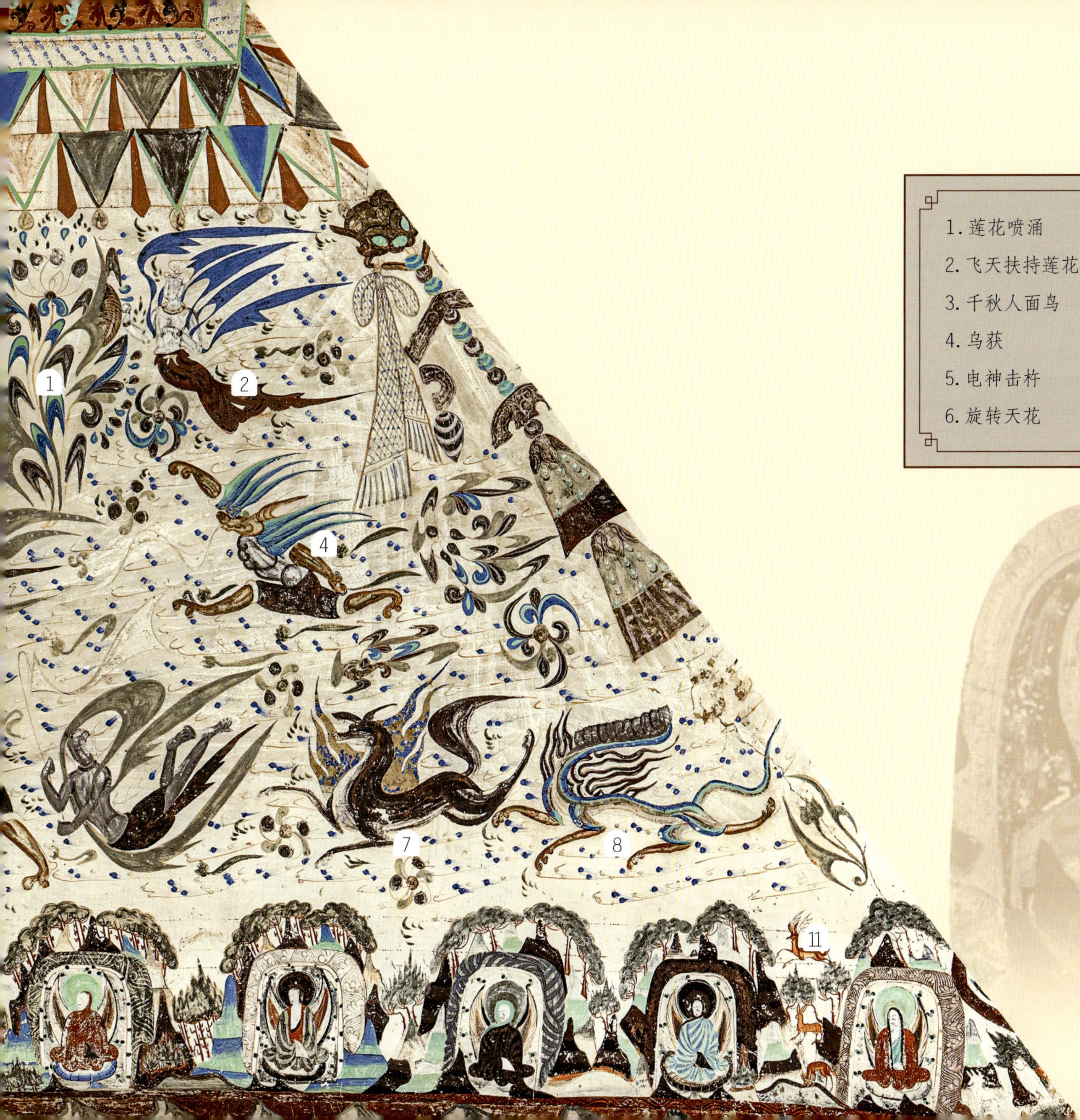

1. 莲花喷涌
2. 飞天扶持莲花
3. 千秋人面鸟
4. 乌获
5. 电神击杵
6. 旋转天花
7. 飞廉
8. 十一首开明（地皇）
9. 禅僧于山间草庐坐禅
10. 敦煌壁画中最早出现的扶手椅
11. 山间小鹿

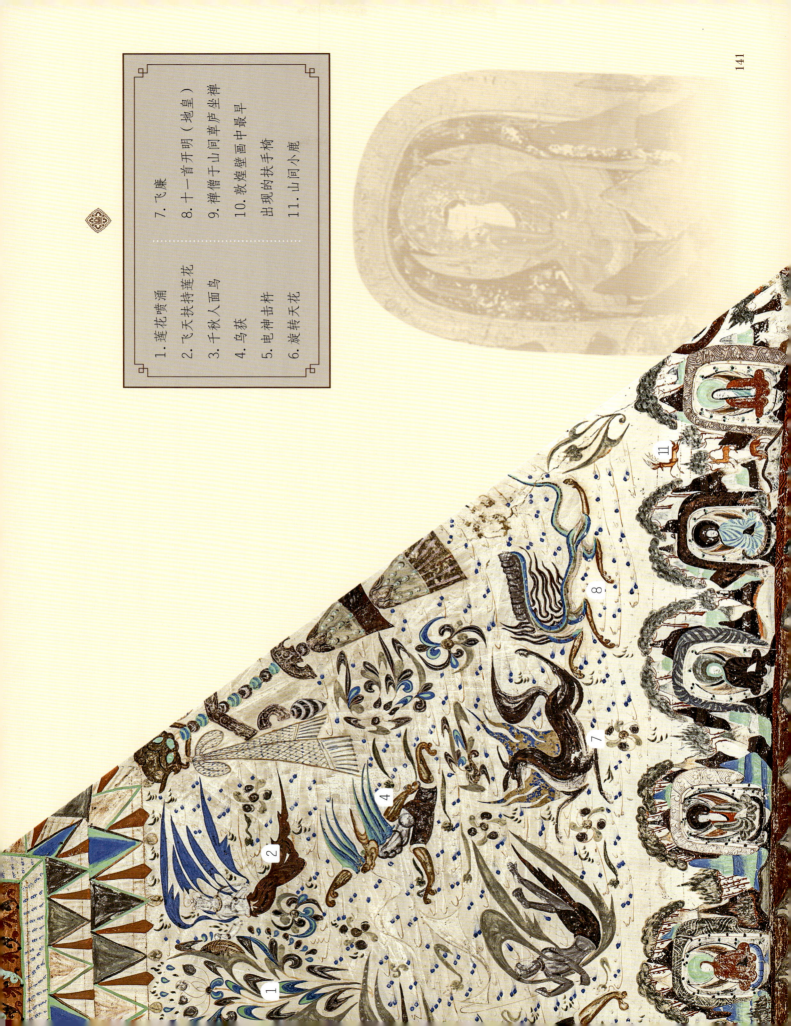

千秋人面鸟

千秋人面鸟有着人的面容、宽大有力的翅膀和绚丽多彩的羽毛。

电神击杵

电神有着人身兽头兽爪，他双手拿着尖头铁杵，单腿站，全力向下猛击，制造闪电。

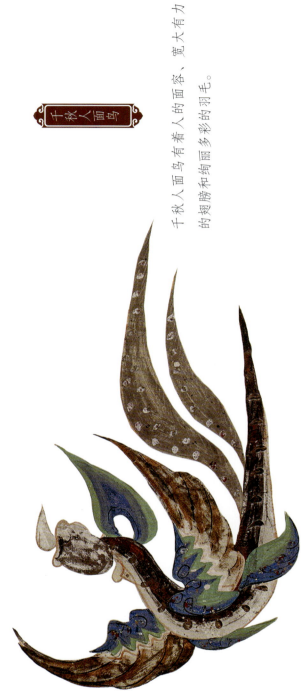

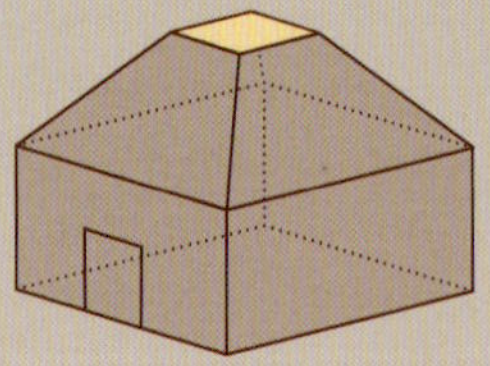

莫高窟第 285 窟
窟顶示意图

窟顶
天花板上的美学星空

覆斗顶：洞穴与木屋结合的艺术

环顾四周后，你一定忍不住抬头看。头顶的形状是不是很熟悉？像不像一个倒扣的“斗”？这种窟顶叫作覆斗顶。在敦煌，覆斗顶的洞窟占了 80% 以上。覆斗顶是中国独有的吗？是的。为什么会这样呢？这是因为覆斗顶洞窟模仿了中国传统木建筑的基本结构，顶部有四面坡，设计上形似盝顶。

盝顶：由一个方框和四面坡组成。

四面坡的功能：一是防止积水。四面坡有效地将雨水导流到洞窟的四周，防止水流直接冲刷洞窟入口或墙面，减少雨水对洞窟内部的侵蚀和破坏。二是稳定结构。这种设计有助于分散顶部的重量和压力，防止洞窟在长时间的使用过程中出现坍塌或裂缝，使洞窟顶部更加稳定和坚固。

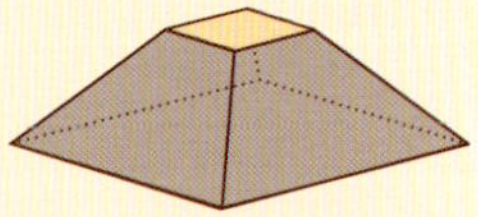

想象一下千年前的鸣沙山，远行的队伍走在丝绸之路上，风沙吹过屋顶或帐篷，帷幔随风扬起，铃铛丁零作响……

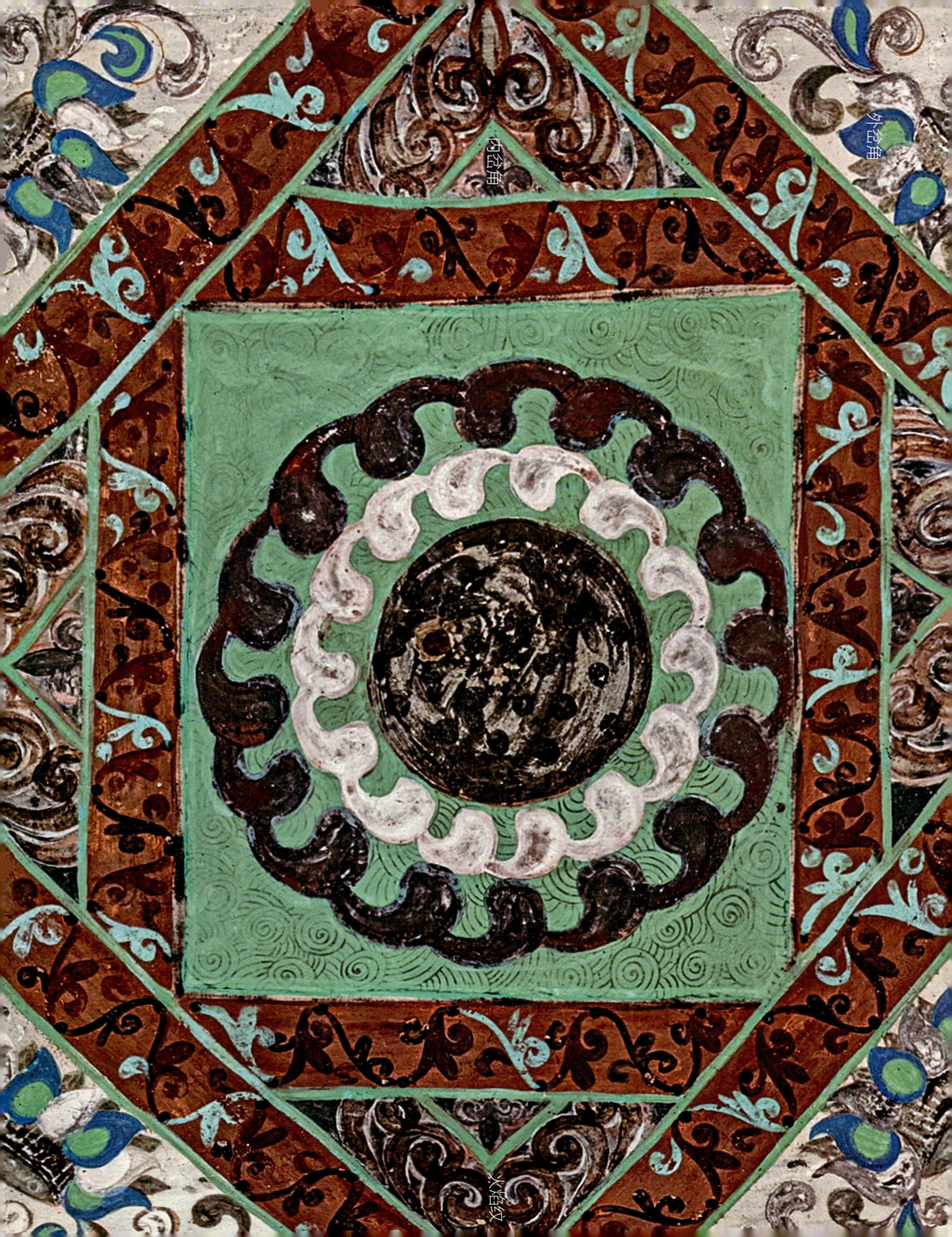
内岔角
外岔角
火焰纹

藻井

我们抬头的时候，目光一定挪不开中心的这个“套娃式”小方块——藻井。藻井是中国传统木构建筑顶部的一种装饰，它在中国古代的宫殿、寺庙等高级建筑中多次出现。敦煌洞窟的藻井有各种各样的形状，这种一个方框里套一个方框，再套一个更小的方框的样式，叫作“套斗式”藻井。正因为这些方框一层套一层，每个方框旋转 45 度，所以形成了很多的棱角，看起来就像万花筒一样，兼具对称的美感和变化的动感。

双重卷瓣纹

莲花

忍冬纹

在金银花的基础上形成的具有装饰性的花纹，其藤蔓和叶子在图案中往往连绵不断，象征着生命的绵延不绝。

隋代开凿的敦煌洞窟具有鲜明的过渡性，气韵生动，力求创新。莫高窟第 420 窟在构造上一方面延续了覆斗顶的形制，另一方面创新了佛龛样式，出现了双层龛，增加了佛龛的纵深感。窟内三面壁龛上端坐的是代表过去世、现在世、未来世的“三世佛”，龛上的雕刻、绘画、贴金使佛龛更加光彩夺目；三兔纹、狮子纹等充满异域色彩的西域元素图案，将全窟装点得更加华丽精致。这些融合中西、推陈出新的艺术尝试，为灿烂的唐代敦煌艺术唱响了先声。

莫高窟第420窟

三生三世三龛殿堂窟

时代：隋代　洞窟形制：覆斗顶型

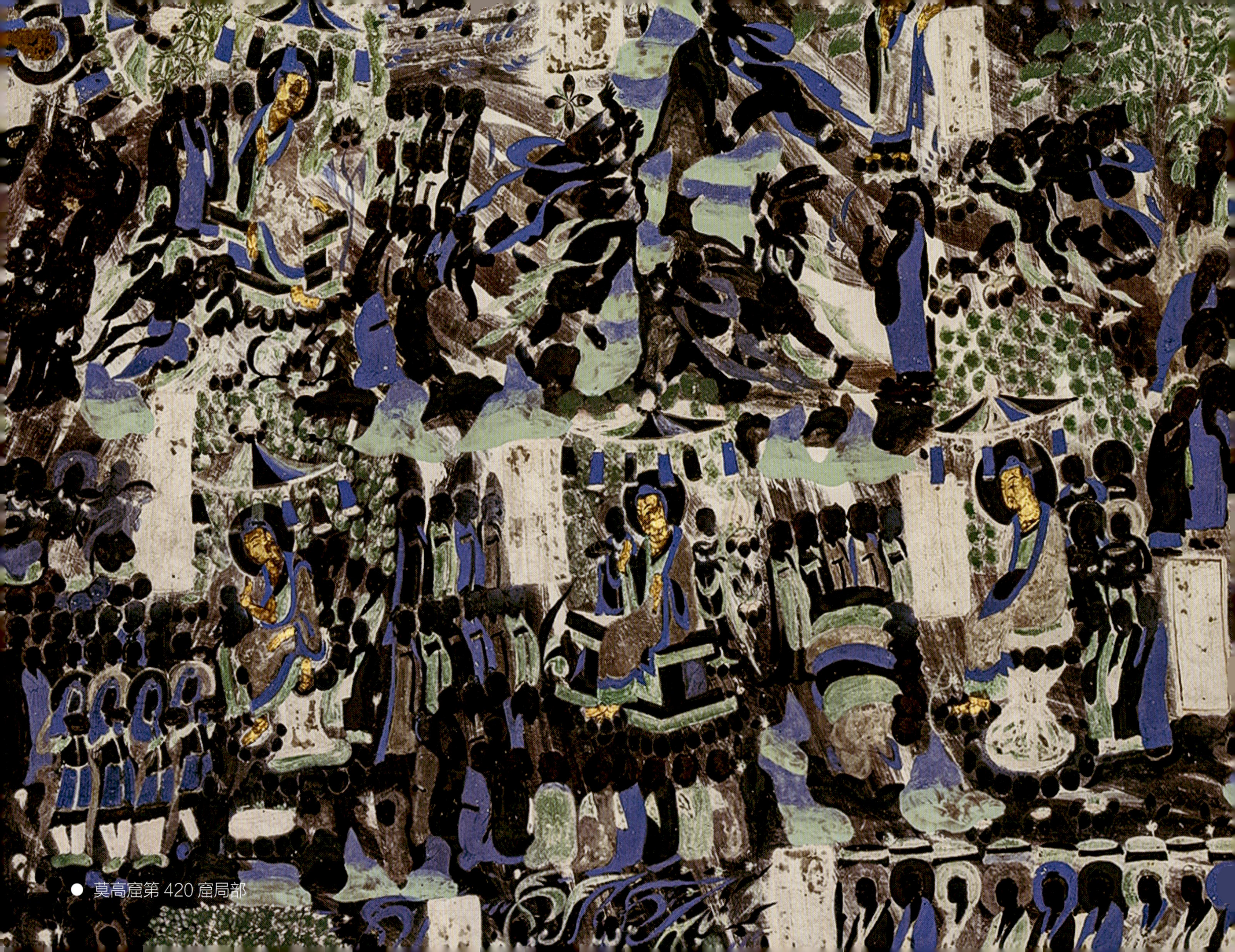

● 莫高窟第 420 窟局部

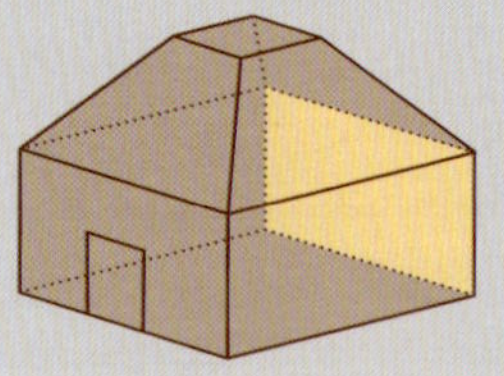

莫高窟第420窟
西壁示意图

西壁
无惧无畏，心愿皆成

西壁开有内外双层圆券龛，层次分明。内龛中间的佛祖穿着通肩袈裟，双腿盘起来稳稳当当地坐在佛座上。他的右手手指上伸，掌心朝外，施无畏印；左手向前伸，手指向下，掌心朝外，施与愿印。两位弟子阿难和迦叶在他身后虔诚听佛，四身胁侍菩萨站立左右。龛外左右两侧墙壁上，左侧上部是文殊菩萨，右侧上部是维摩诘居士，左右两侧下部各画有弟子和菩萨正在听法。

1. 坐佛	6. 内龛
2. 阿难	7. 贴有金箔的火焰纹
3. 迦叶	8. 飞天
4. 胁侍菩萨	9. 文殊菩萨
5. 外龛	10. 维摩诘居士

内外双层圆券龛

1
2
3
4
5
6
7
8
9
10

佛祖的掌印

无畏印的姿势通常是右手向上抬起，掌心朝外，手指自然伸直，代表着佛或菩萨能够为人们消除恐惧，给予他们安心、无畏和勇气。想象一下，佛或菩萨伸出这样一只手，就好像在对你说："别怕，佛祖会保佑你，勇敢向前走吧！"

与愿印的姿势通常是手指自然舒展向下，掌心向外，代表着佛或菩萨能够满足众生的愿望，给予众生所祈求的东西。想象一下，佛或菩萨伸出这样一只手，就好像在对你说："来吧，你的愿望我听到啦，会帮你实现的！"

僧祇支

僧祇（qí）支相当于僧侣的"内衣"，通常穿在袈裟之下。它由一块长方形布料做成，一般从左肩缠至右腋下方，然后从右腋下方交叉搭于左肩之上。这种设计能够很好地覆盖僧侣的肩部和两腋，同时起到保暖和遮羞的作用。

莲花花瓣

头光一圈化佛

背光一圈化佛

僧祇支

无畏印

与愿印

佛祖有哪些常见的掌印？

无畏印：使众生心安，
无所畏怖。

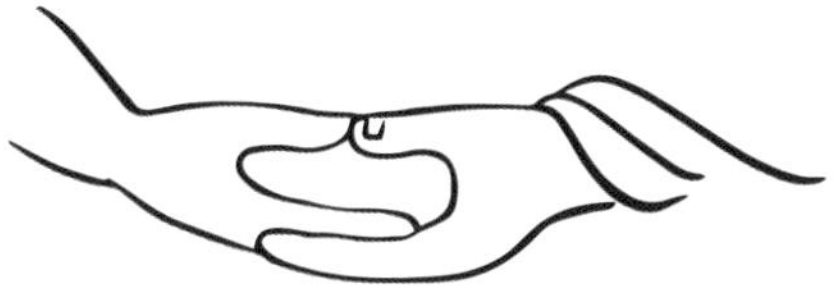

禅定印：禅定沉思，
使内心安定。

触地印：也叫降魔印，
使魔王退散。

说法印：表示佛在说法。

与愿印：满足众生愿望，
实现众生所求。

智拳印：以智慧的力量
摧毁烦恼，减少妄想。

永葆青春的菩萨

佛祖的高大庄严，表达了神与人的距离，菩萨则使人觉得可亲可近。阿难和迦叶旁边的胁侍菩萨，肩膀宽大，纤腰盈盈，双脚并拢站立在莲台上。他们脖子上戴着璎珞，胳膊上戴着手镯、臂钏，下身穿着锦裙。隋代洞窟里的这几尊菩萨，面容秀丽，棱角分明，眉棱、鼻棱清晰可见，眉毛和胡子的颜色也无褪色，这在莫高窟所有洞窟中都是罕见的，因而被称为“永葆青春的菩萨”。

锦裙上波斯艺术风格的狩猎联珠纹图案——骑象斗虎图：驾驭者骑在大象背上，穿着紧身窄袖的衣服，一只手抓着缰绳，另一只手拿着武器回击正要跳上来的老虎！

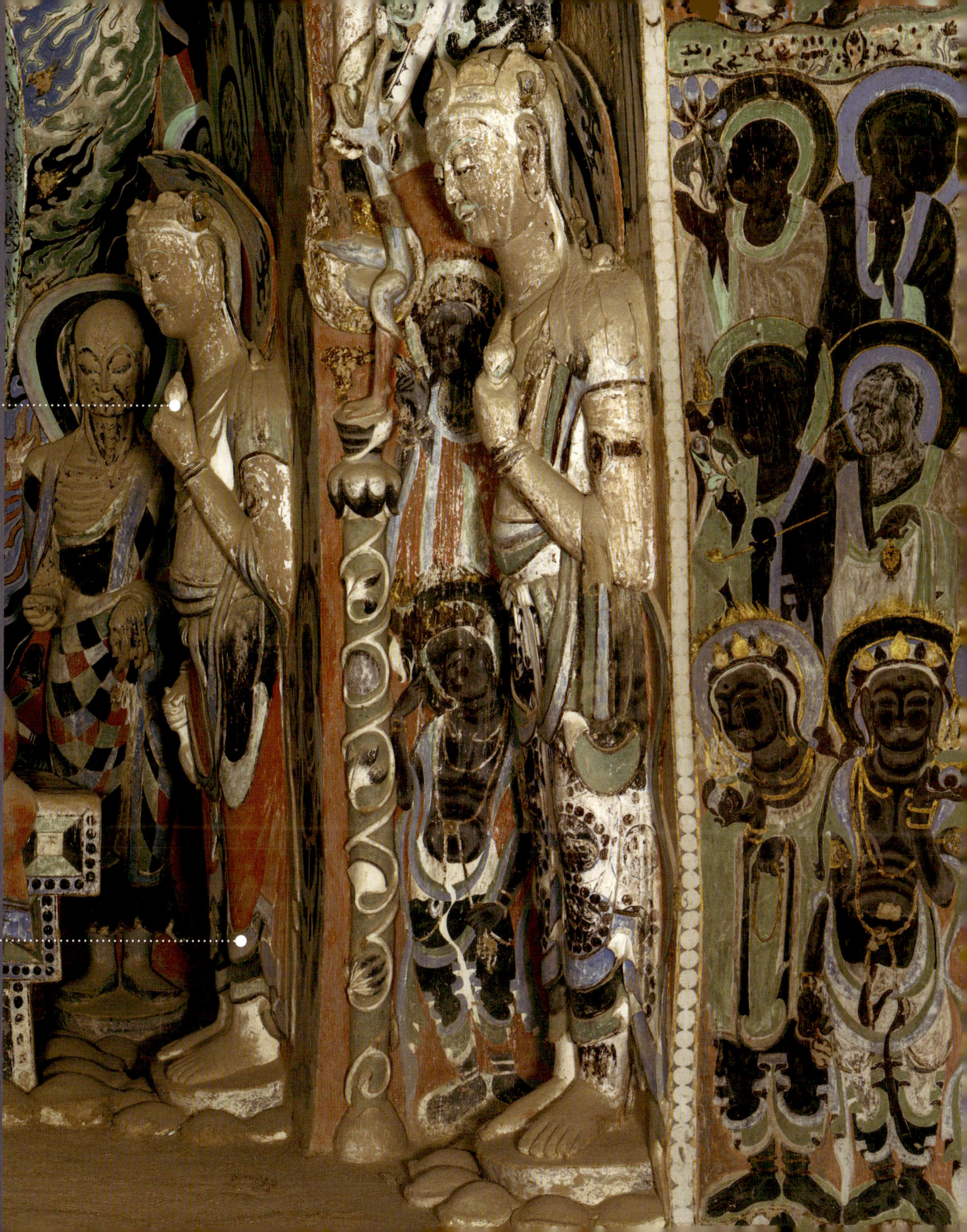

桃形三珠冠
鼻梁挺拔
脖子上佩戴璎珞
手持净瓶
手臂上佩戴臂钏
手腕上佩戴手镯
小肚子微微鼓起
腰带在腹前打结垂下
七分长的裙摆贴身下垂

龛楣上的局部美

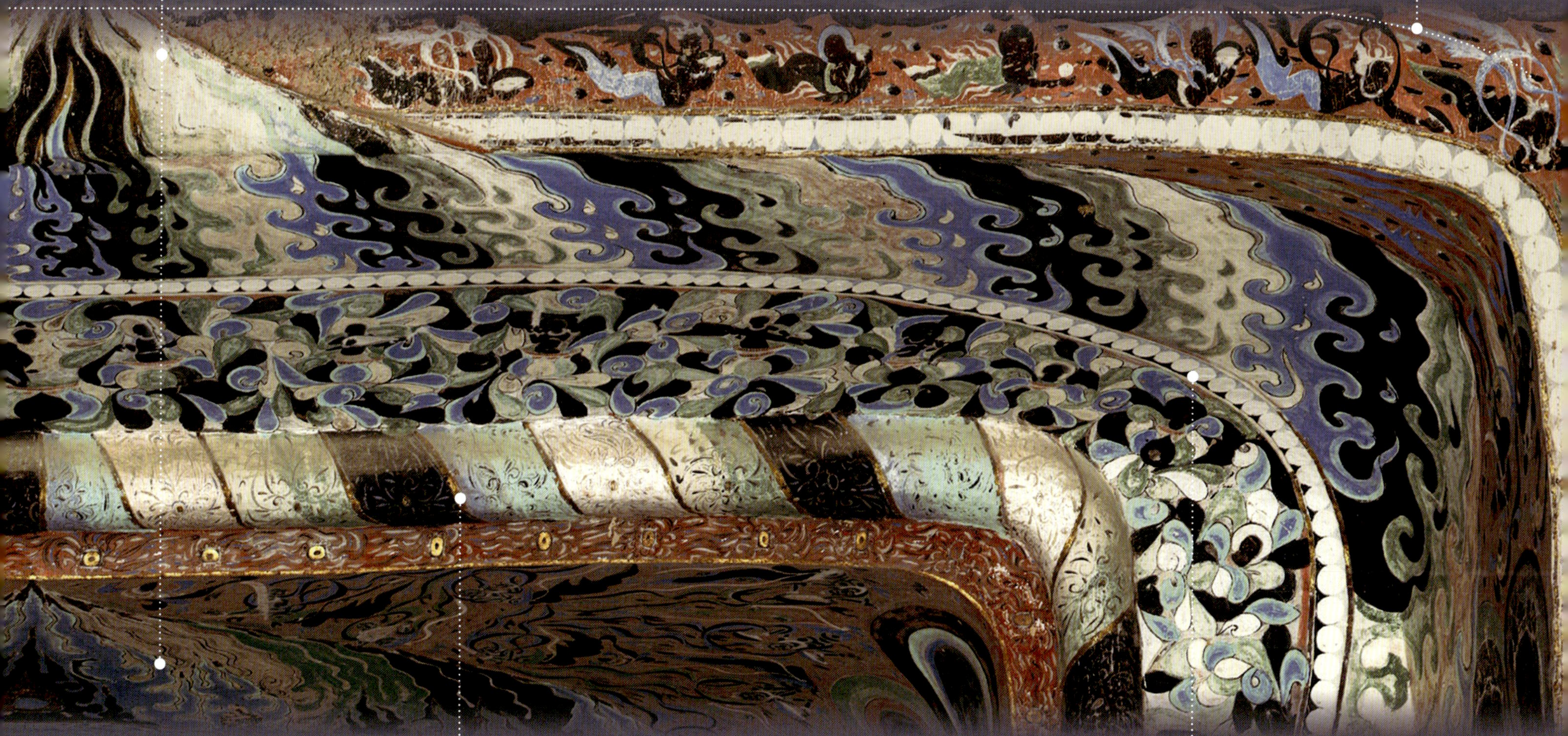
双层火焰纹
上排飞天14身
贴有金箔的龛梁
白色联珠纹

龛顶的伎乐飞天

在佛像背光两侧的龛顶，左边有一位僧人模样的飞天，穿着绿色袒肩袈裟，周围飘着天花，身旁两只飞鸟环绕。右边的伎乐因为年代久远已模糊不清，但通过复原的线描图可以清晰地看到他们弹奏的乐器分别是：箜篌、琵琶、横笛和笙。

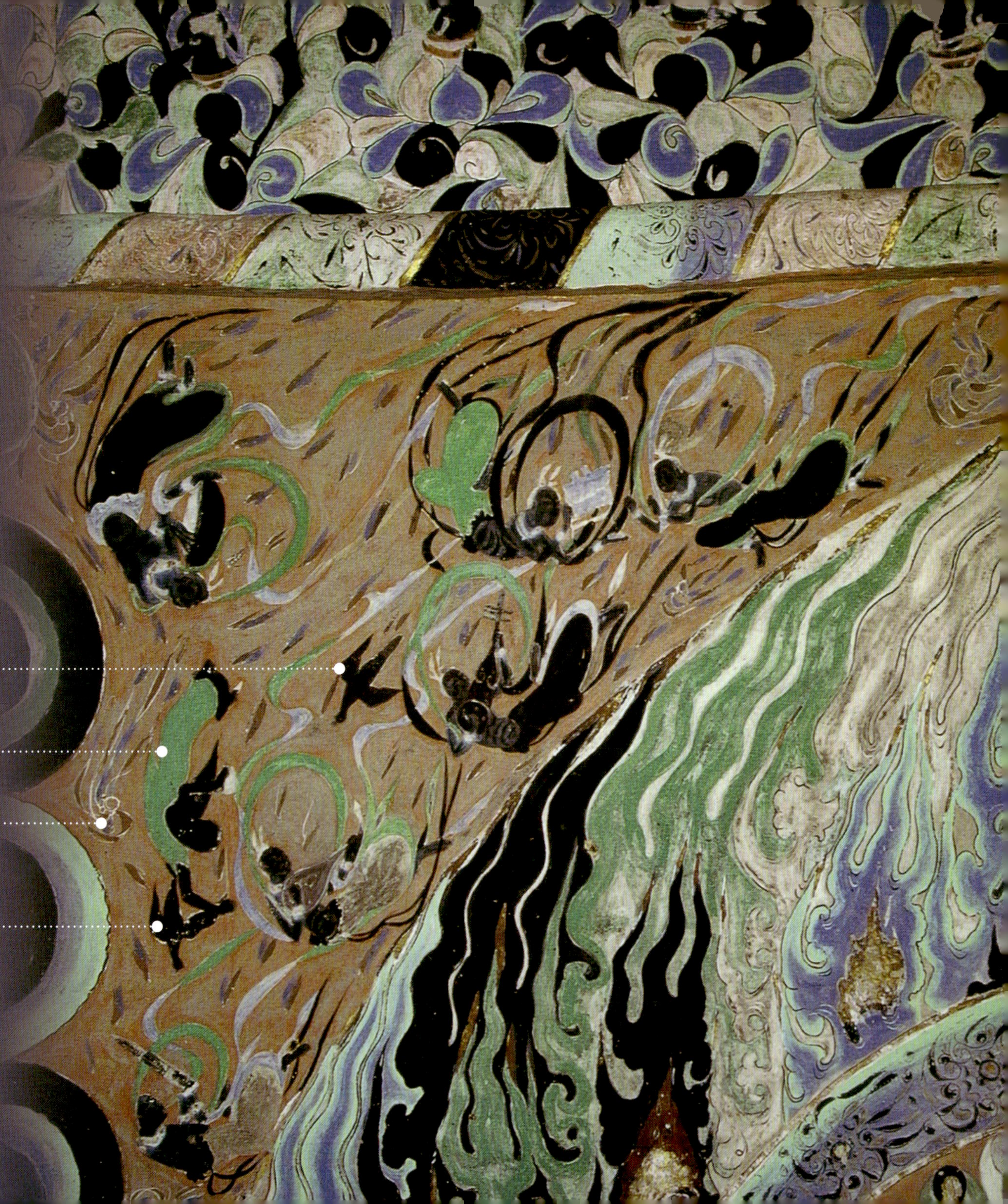

飞鸟

穿绿色袒肩袈裟的飞天

天花

飞鸟

左边龛顶飞天

● 右边龛顶飞天

文殊菩萨和维摩诘居士辩经

壁上的文殊菩萨和维摩诘居士南北对望，遥相对称，相互辩经。文殊菩萨在面阔三间的歇山顶殿堂正中间，一群菩萨和弟子跪在两廊那儿合掌认真听法。殿前还有莲池和莲花，一对水禽在里面玩耍，天空上还有飞天撒花。维摩诘居士在面阔五间的歇山顶殿堂中间，右手拿着羽扇，身前有几案。殿堂里、廊间、台阶下全都是他虔诚的听众。

传说维摩诘居士原本是得道菩萨，转世后成为一位具有神通智慧和非凡辩才的居士。尽管他家财万贯，但经常出入大街小巷，为人们指点迷津。有一天，维摩诘居士自称身体抱恙，佛祖派文殊菩萨前往探望，随后维摩诘居士与文殊菩萨对佛经展开辩论。由于维摩诘居士能言善辩、聪慧过人，他也深受提倡清谈的文人推崇。

王维和维摩诘

唐代著名诗人、画家王维精通佛学，因为王维对维摩诘居士非常钦佩，所以给自己取名为“维”，字“摩诘”，号“摩诘居士”。王维的诗作充满禅意，无不体现着“空”和“静”的境界，被后世誉为“诗佛”。宋代的苏东坡评价他：“味摩诘之诗，诗中有画；观摩诘之画，画中有诗。”

空山不见人，但闻人语响。

——《鹿柴》

行到水穷处，坐看云起时。

——《终南别业》

明月松间照，清泉石上流。

——《山居秋暝》

北壁 VS 南壁

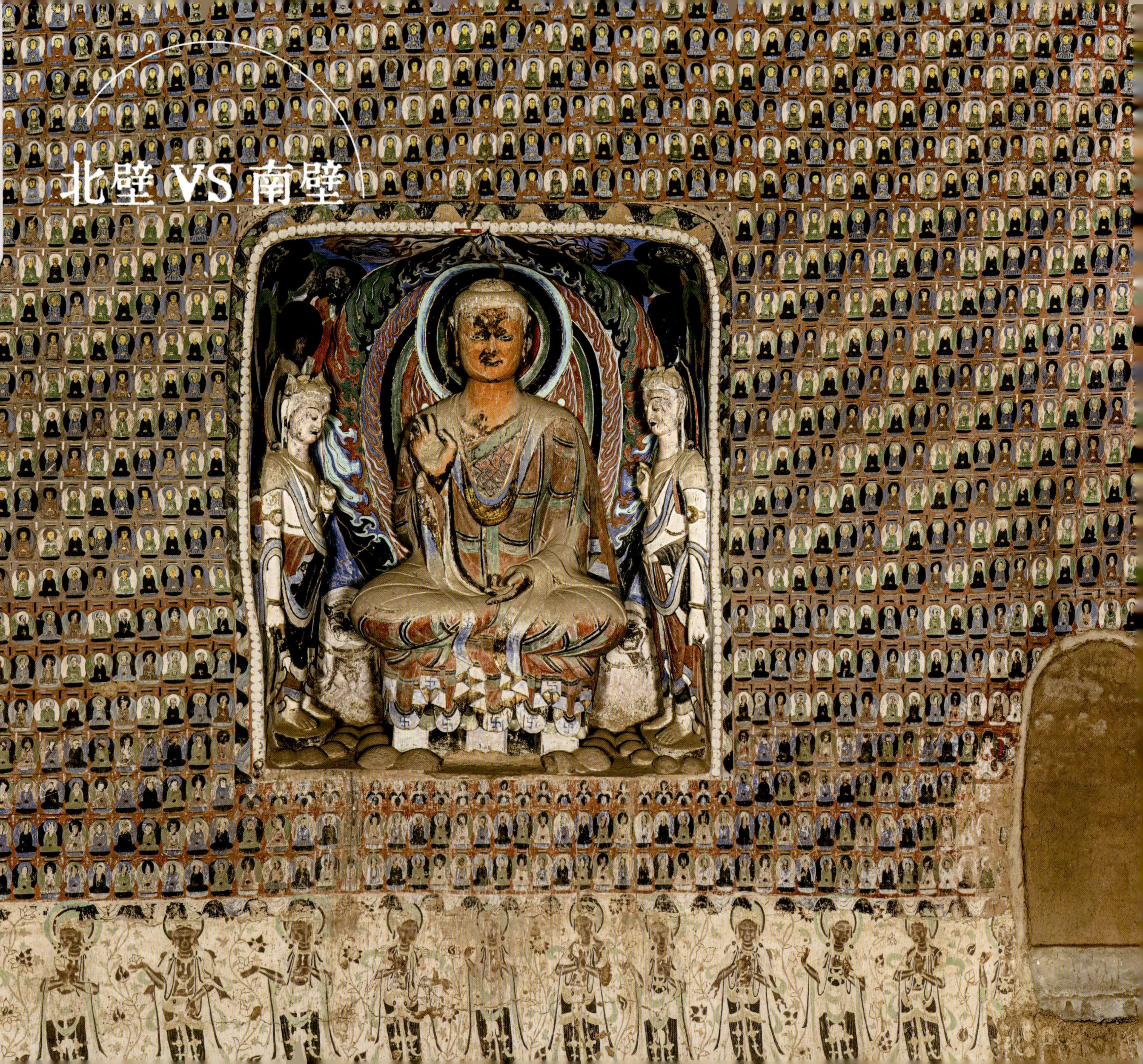

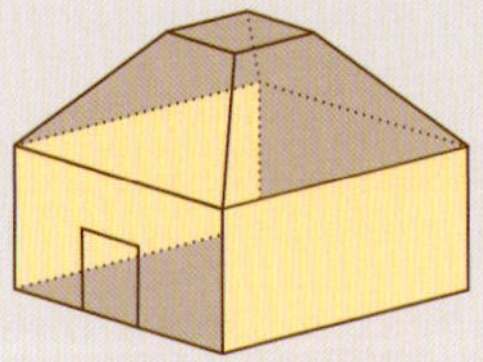

莫高窟第 420 窟
北壁和南壁示意图

找不同

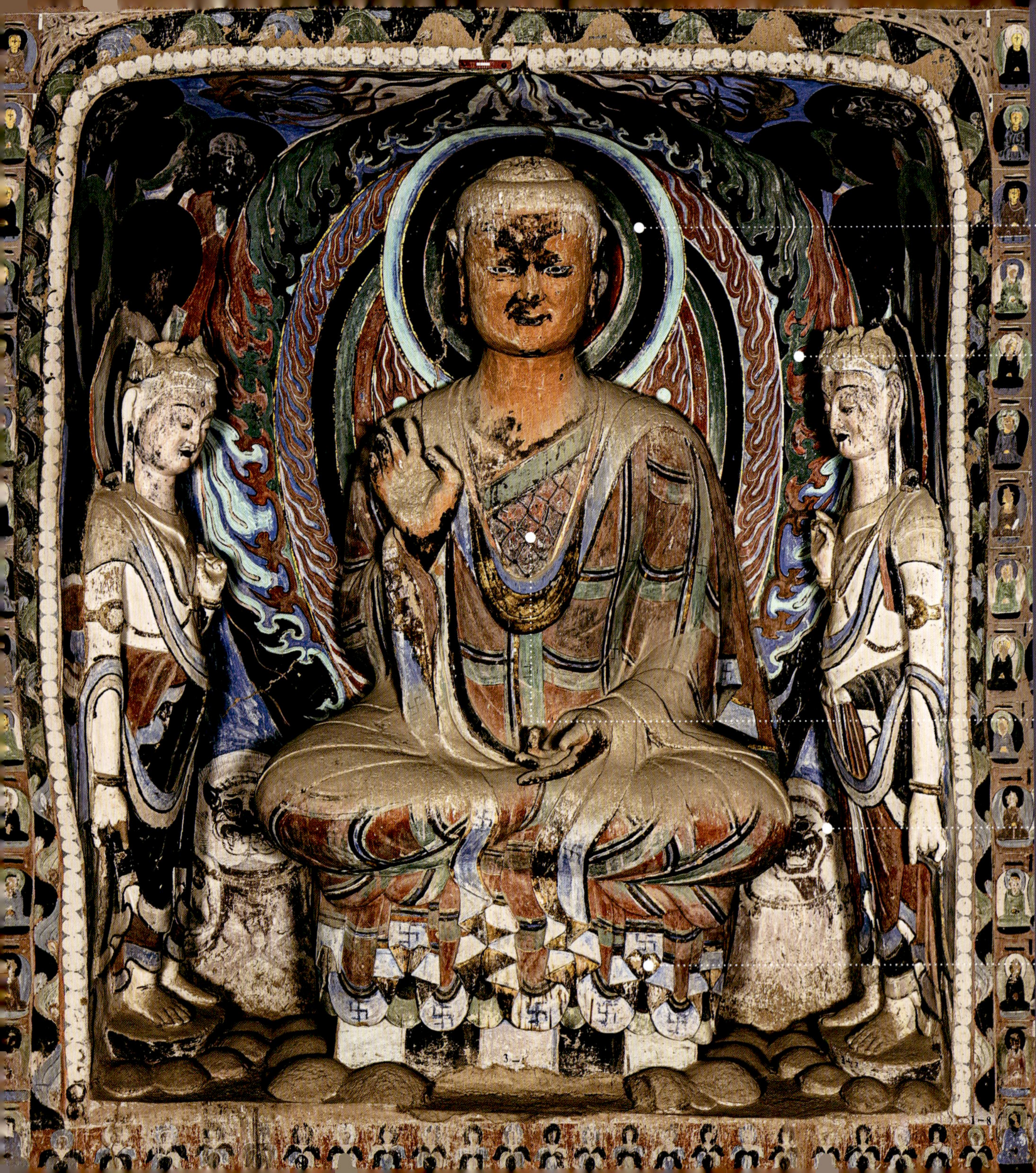

内背光：
赭红、石绿、黑色、石青；内无纹样

火焰纹：
赭红、石青、石绿、黑色

田相纹

狮子表情：龇牙咧嘴

七个卍字符

内背光：

黑色、深石绿、赭红、石青；内有忍冬纹

火焰纹：

深石绿、赭红、浅石绿、黑色

椭圆珠狮子纹

狮子表情：呆萌可爱

四个卍字符

4
5
7
6
3
9
1
2
8

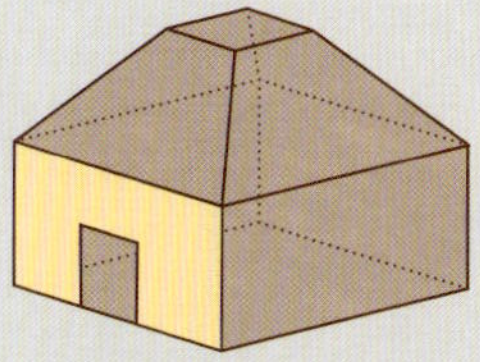

莫高窟第 420 窟
东壁示意图

东壁
佛祖和他的追随者

东壁甬道的上方，画着贴有金箔的佛祖和他的一众追随者，形成“佛祖 + 菩萨 + 天王 + 弟子”的经典站位。在莫高窟第 322 窟中，这种站位更为典型，佛祖坐立中央，周围依次站立着弟子迦叶和阿难、观音菩萨和大势至菩萨以及护卫他的天王。

1. 佛祖	6. 旋转天花
2. 胁侍菩萨	7. 菩提树
3. 弟子	8. 金刚宝座
4. 飞天	9. 香炉
5. 华盖	

石窟壁画中的经典站位

● 第 322 窟

佛祖：通常处在中心位置，向众生讲解佛法，引领人们走向解脱和觉悟。

菩萨：站位仅次于佛祖，通常在佛祖两侧。他们以慈悲和智慧救度众生，协助佛祖弘扬佛法。菩萨有很多位，其中在阿弥陀佛身边最常见的是观音菩萨和大势至菩萨，前者象征着善良与慈悲，后者象征着智慧和力量。

弟子：通常站在佛祖身后。他们是跟随佛祖学习佛法的修行者。

天王：有时候也被称为金刚，通常位于相对外侧的位置，护持佛祖和佛弟子，维护佛教的正法和秩序。

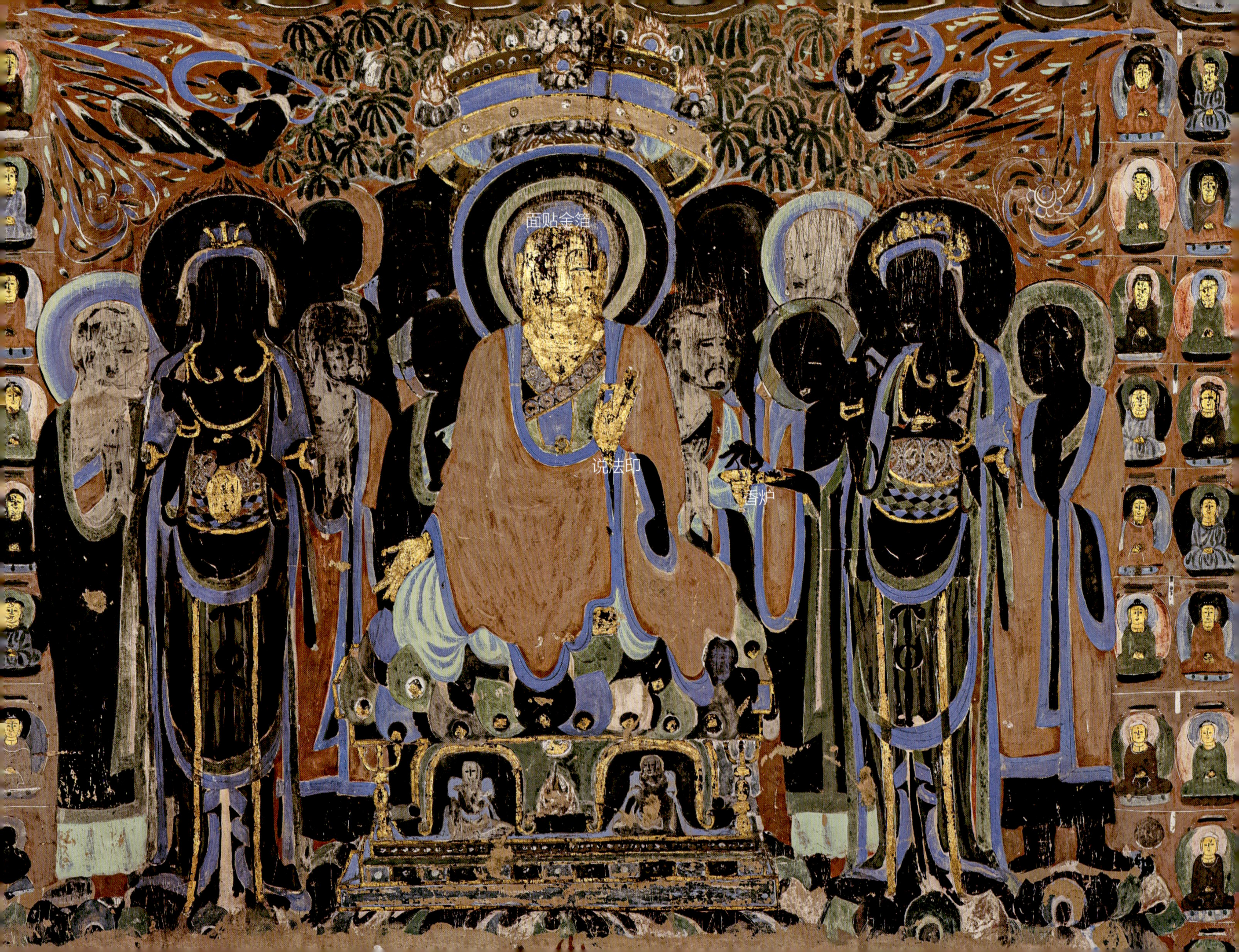
面贴金箔
说法印
香炉

数一数

1. 佛的周围有几位弟子？
2. 佛的身旁有几身菩萨？
3. 空中有几身飞天？

答案：

1. 十大弟子：佛的弟子均是光头僧人形象。
2. 两身：菩萨头戴宝冠，身上佩戴璎珞和钏镯。
3. 两身。

为什么菩萨和高僧手上经常拿着香炉？

香炉常常象征着人与佛沟通的媒介。香燃烧时产生的烟雾袅袅上升，象征着信徒的虔诚心愿和祈祷能够传达给佛祖和菩萨。除了香炉，塔、佛珠、佛像、佛经等，都有相同的象征意义。

为什么佛身和面部贴有金箔？

金在众多文化里都代表高贵神圣，用金箔装饰佛像象征着佛的超凡神圣和尊贵无比，金身不坏。同时，金色的光芒寓意着智慧和慈悲之光普照世间，给众生带来光明与希望。

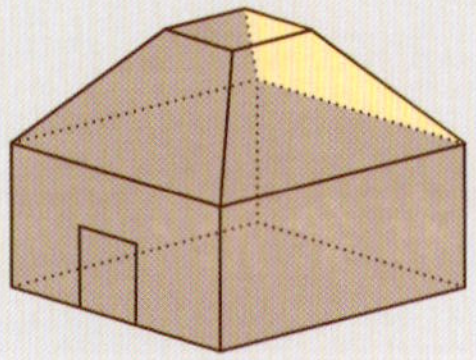

莫高窟第 420 窟
西披示意图

西披
众生供养佛祖

西披上山峦起伏，楼阁高耸，曲折的回廊蜿蜒排列，宫殿庙宇鳞次栉比，佛祖与众生在树木掩映之间若隐若现，数不清的人物和鸟兽穿梭其间。壁画的绘制者们极尽细密之能事，将精致繁复、华丽耀眼展现无遗，这种画风在隋唐之后开始盛行，被后世称为“密体”。

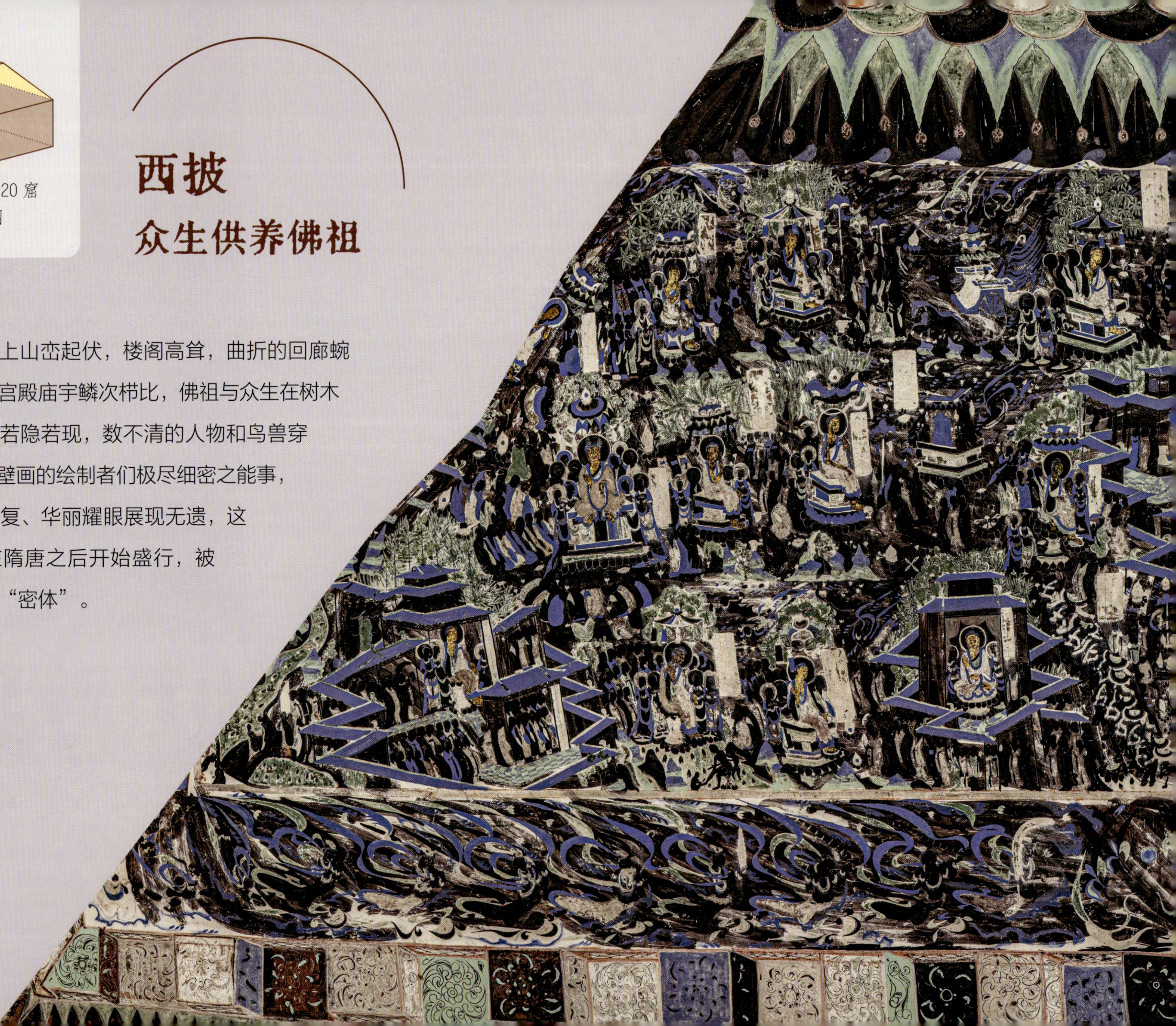

藻井周边纹饰

1. 西披左侧：飞天宝马齐现身

2. 西披中央：佛在楼阁中说法

3. 西披右侧：群兽听法，供养佛祖

飞天列队而飞

凹凸方块状的天宫栏墙

西披左侧：飞天宝马齐现身

菩萨坐在莲花宝座上，一人为菩萨洗脚，一人为菩萨洗背。

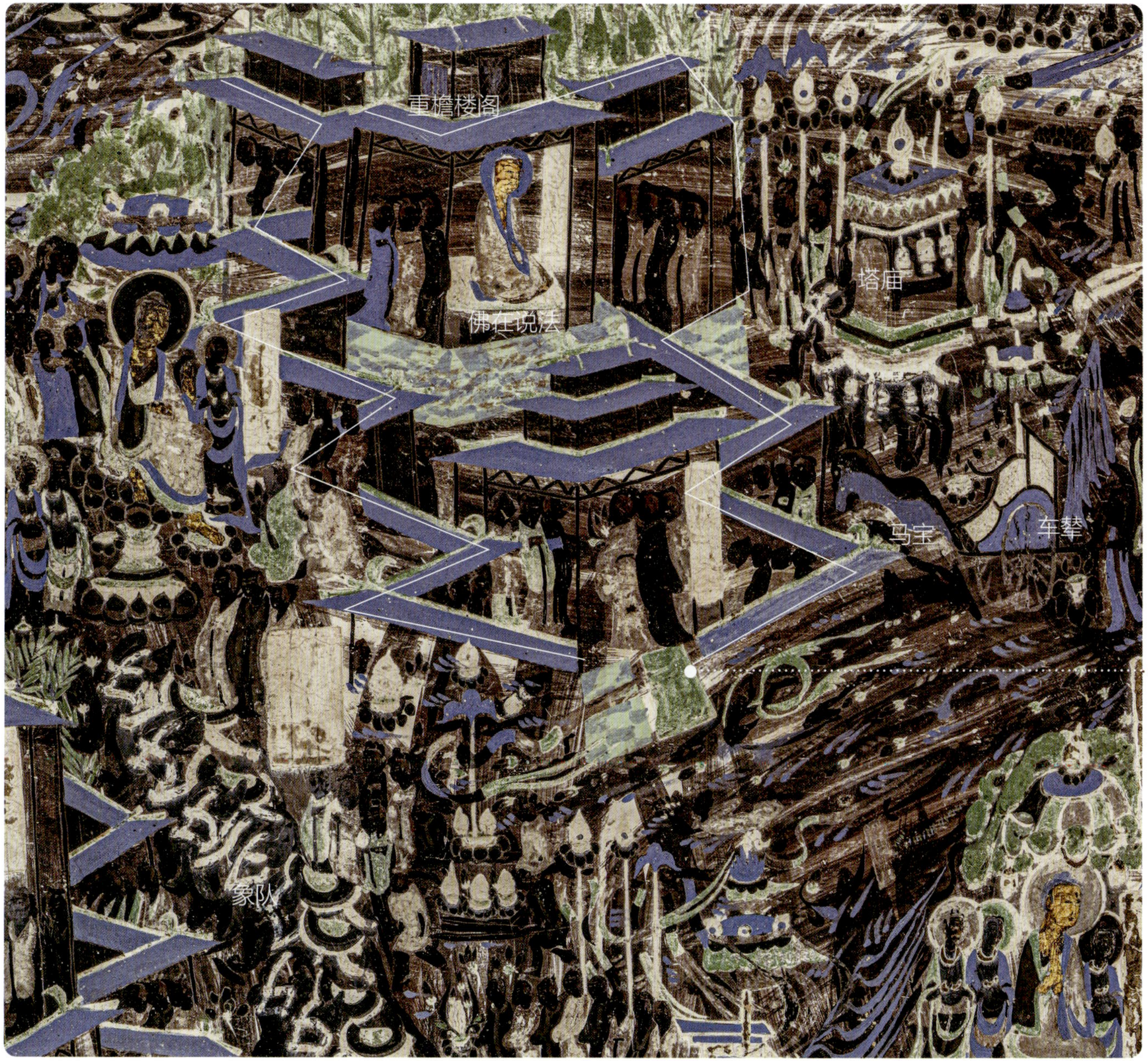

西披中央：佛在楼阁中说法

西披壁画的中央，有一座被曲折的院墙围着的重檐楼阁，佛在楼阁中说法，周围众生紧紧簇拥着听法。院墙外面有象队、马宝、车辇、塔庙等。

③

西披右侧：群兽听法，供养佛祖

● 飞龙和羽人听法

鸟王知道了佛祖即将涅槃的消息，于是纷纷从远方飞来，请求佛祖接受它们最后的供养。佛祖安静地坐在柳荫下的莲台上，背后有青山，面前是清澈的水流，四周是迎风飘荡的杨柳。各种各样的鸟儿飞到了佛祖的面前，或静静站立，或摆出展翅的姿态，或衔着美丽的花草，准备献给佛祖。

展翅的姿态

静静站立

衔着美丽的花草

● 鸟王供养佛祖

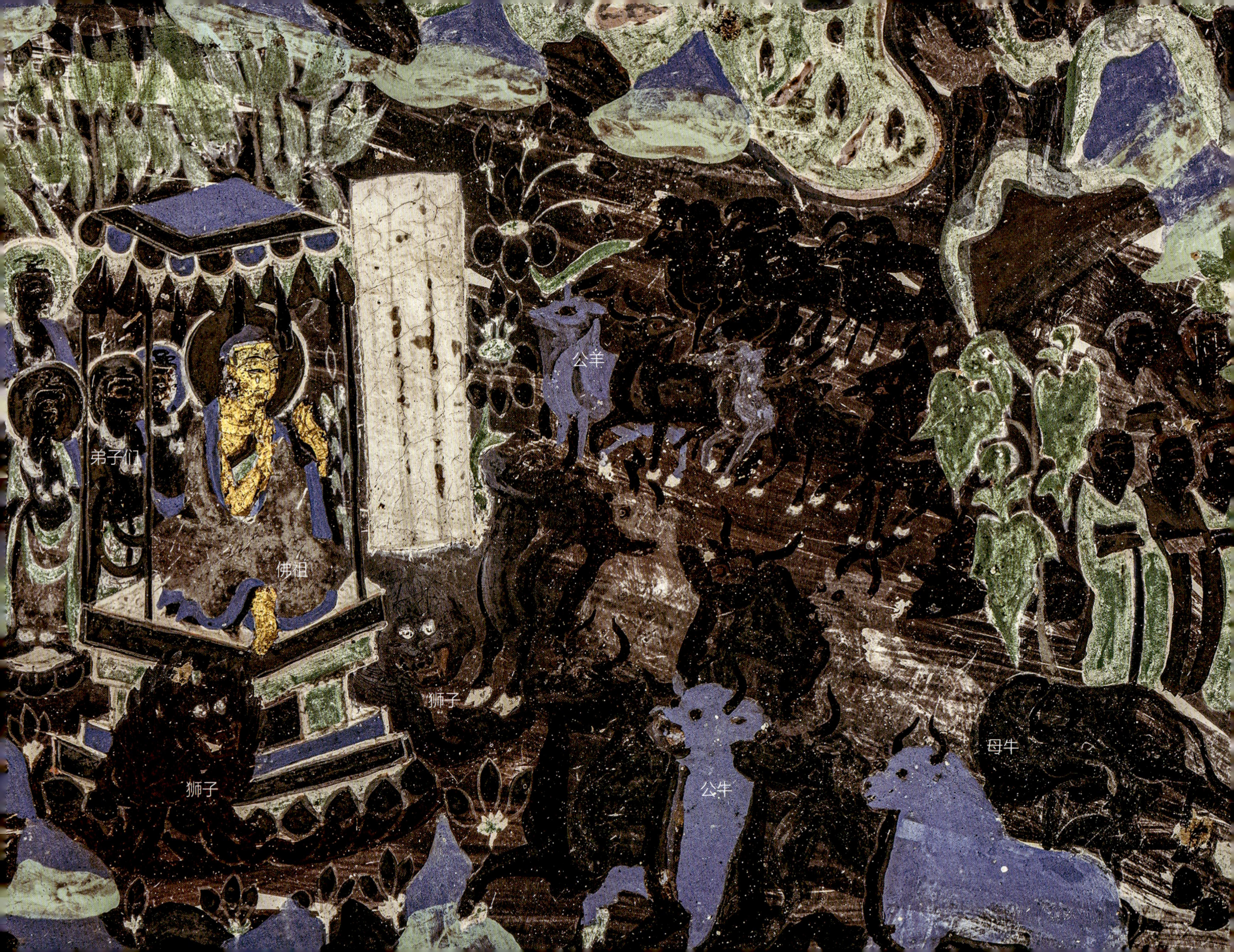
弟子们
佛祖
公羊
狮子
狮子
公牛
母牛

佛祖在进行涅槃之前最后的说法。他端坐在那里，座位下有两头威风凛凛的狮子守卫。在佛祖的面前，恭恭敬敬地站立着两排公牛。它们个个昂首挺胸，聚精会神地聆听着佛祖的教诲，眼神中充满了对佛法的渴望和敬意。在牛群的最后，有一头母牛。它一边听法，一边还不忘回头，温柔地舔舐正在吃奶的小牛。而在这群牛的上方，还画着几只活泼的公羊，它们似乎也被这庄严的场景所吸引，安静地听佛说法。

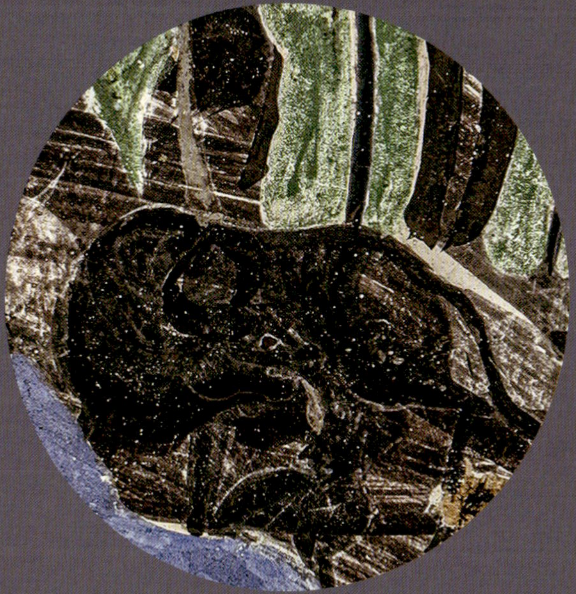

母牛和牛犊

狮子

公羊

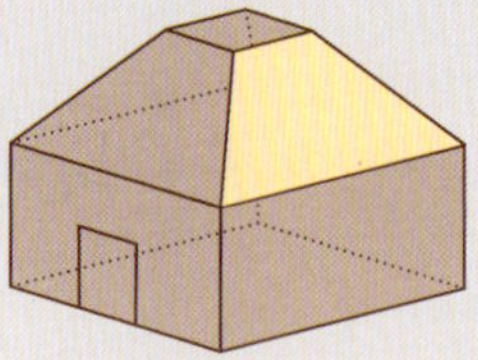

莫高窟第 420 窟
北披示意图

北披
佛祖涅槃重生

北披的壁画中央最耀眼的金身是“佛祖涅槃”的场景。左侧画面分上中下三层，主要有八幅佛说法图；右侧画面画着“二佛并坐”“灵鹫山”等场景。

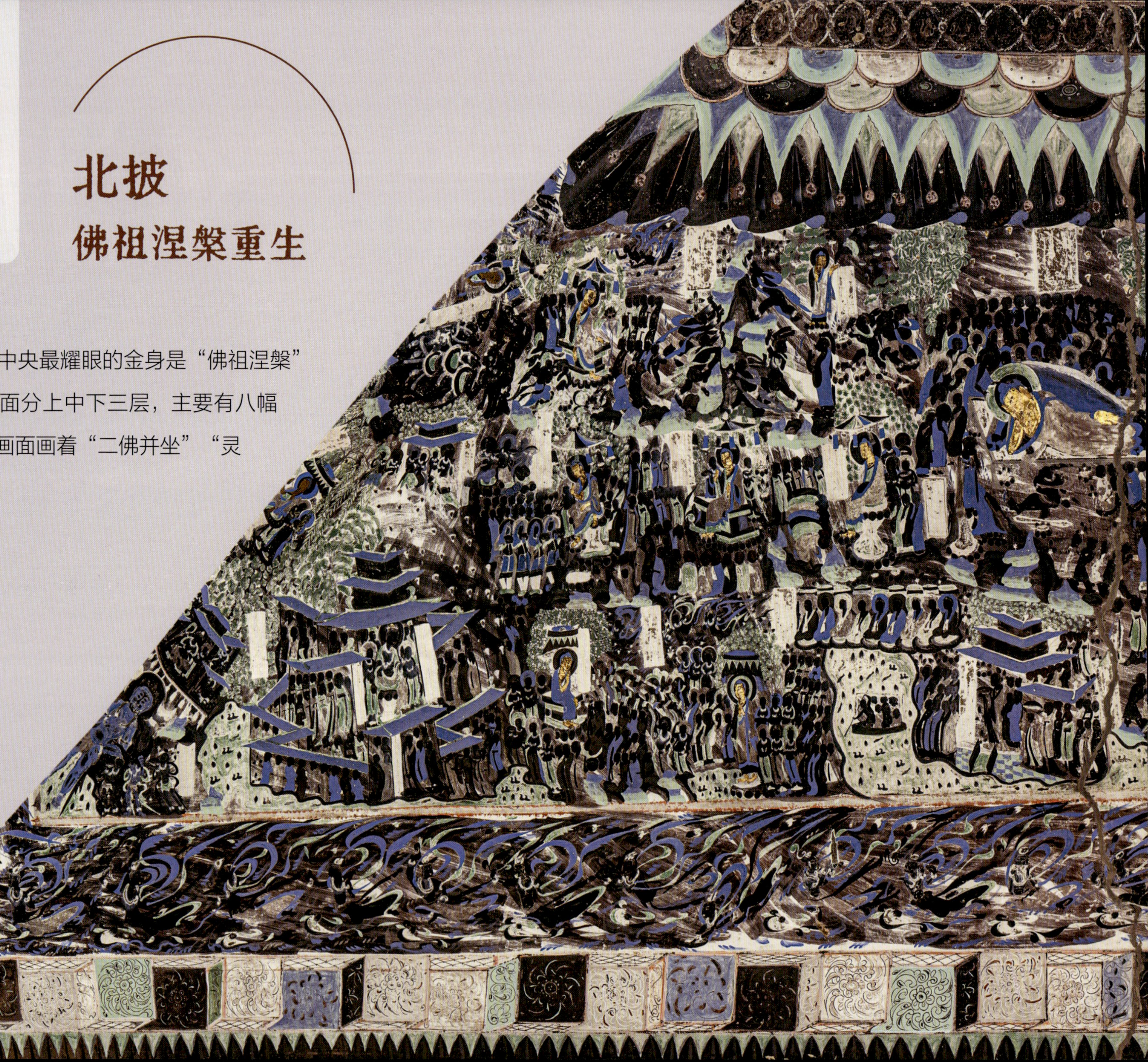

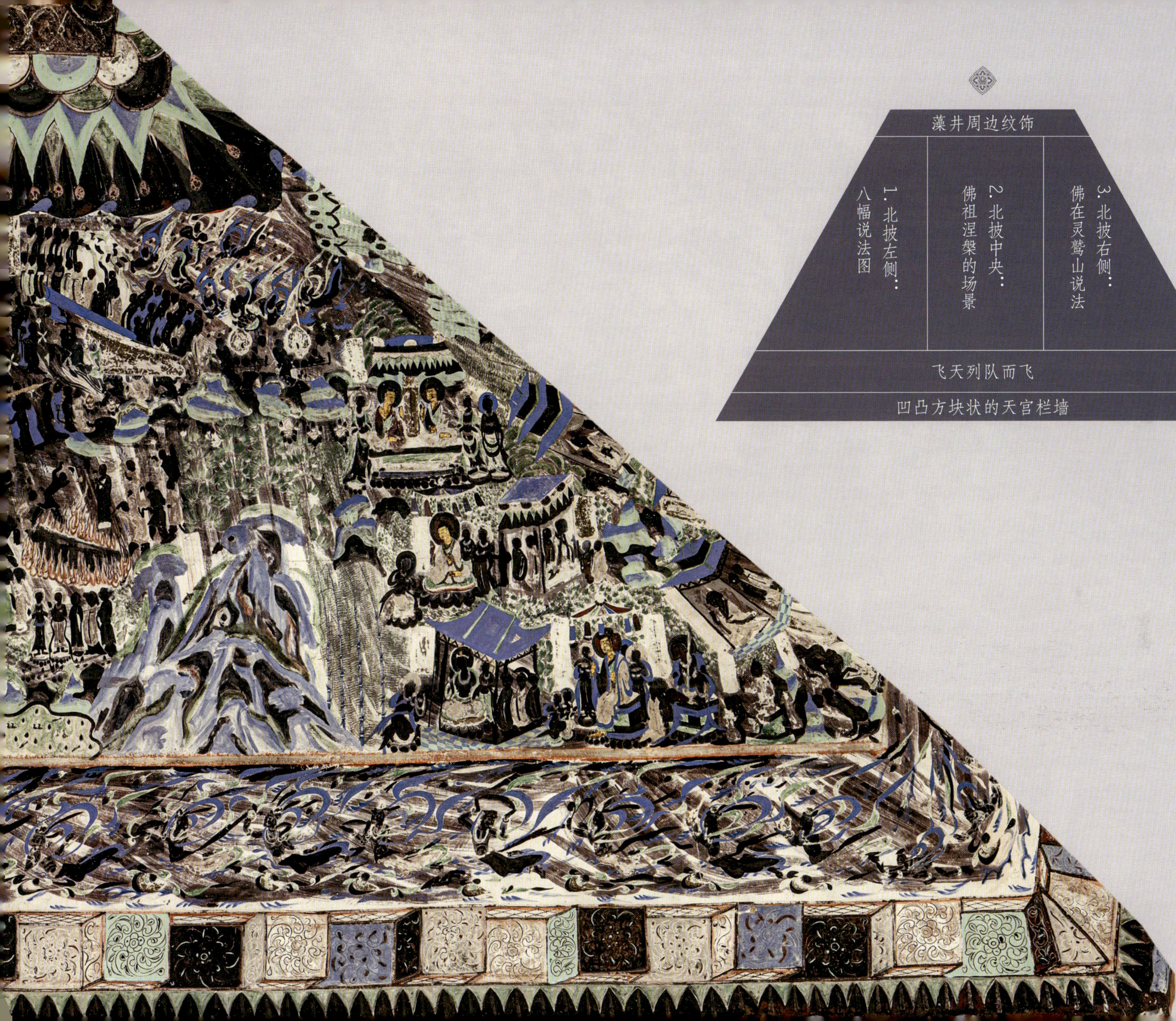

藻井周边纹饰

1. 北披左侧：八幅说法图
2. 北披中央：佛祖涅槃的场景
3. 北披右侧：佛在灵鹫山说法

飞天列队而飞

凹凸方块状的天宫栏墙

1

北披左侧：八幅说法图

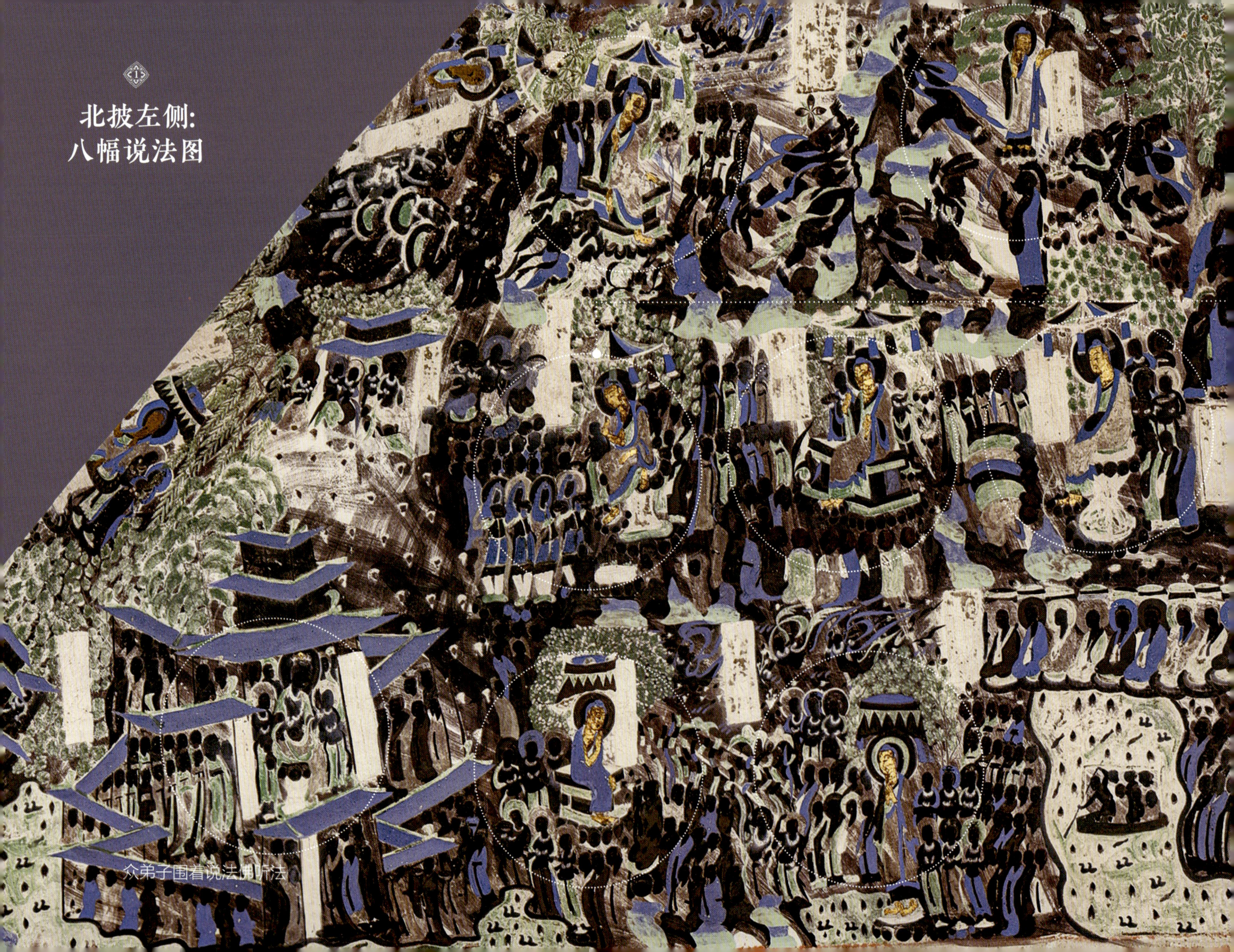

佛头顶宝盖，四大天王及眷属听法。

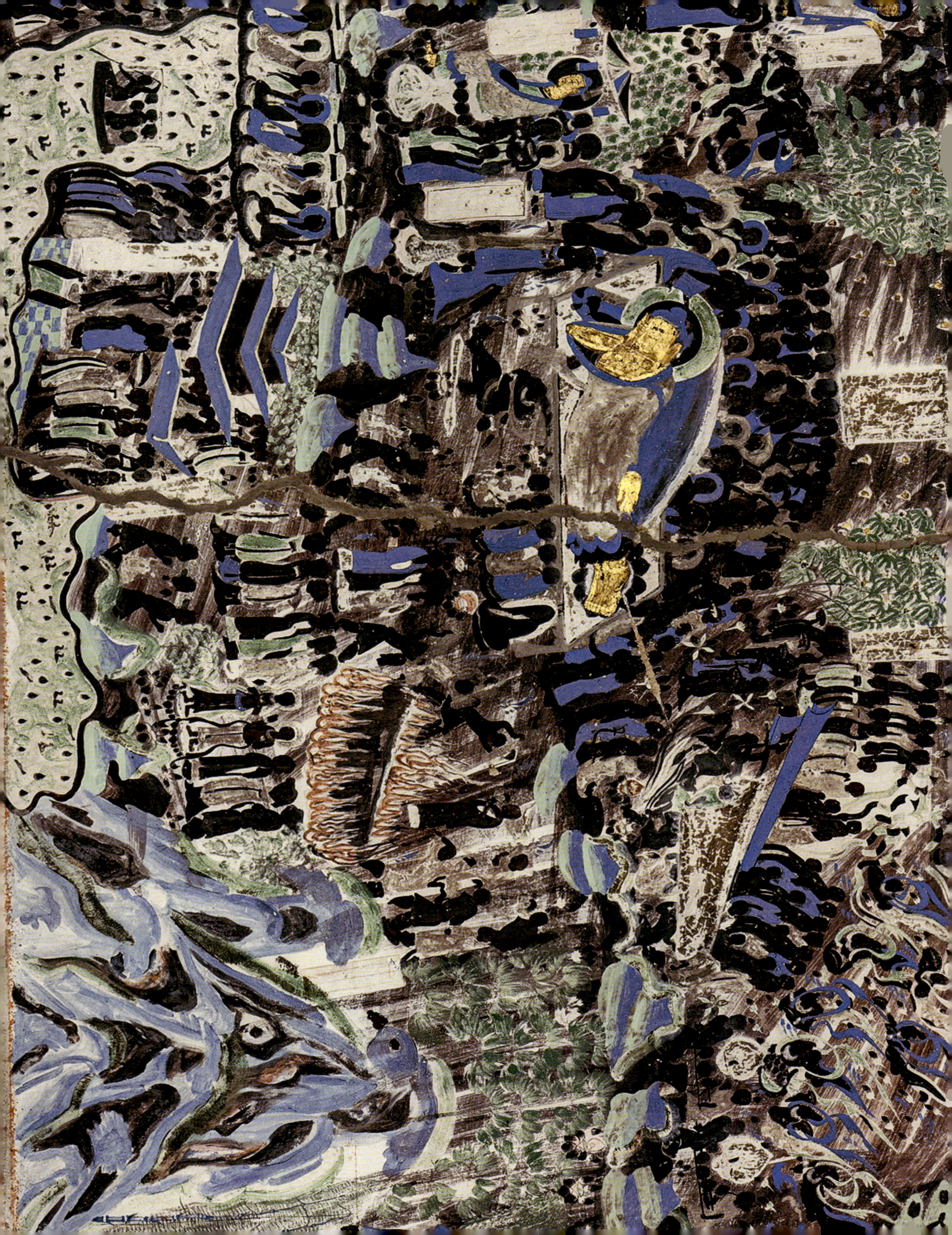

2

北披中央：佛祖涅槃的场景

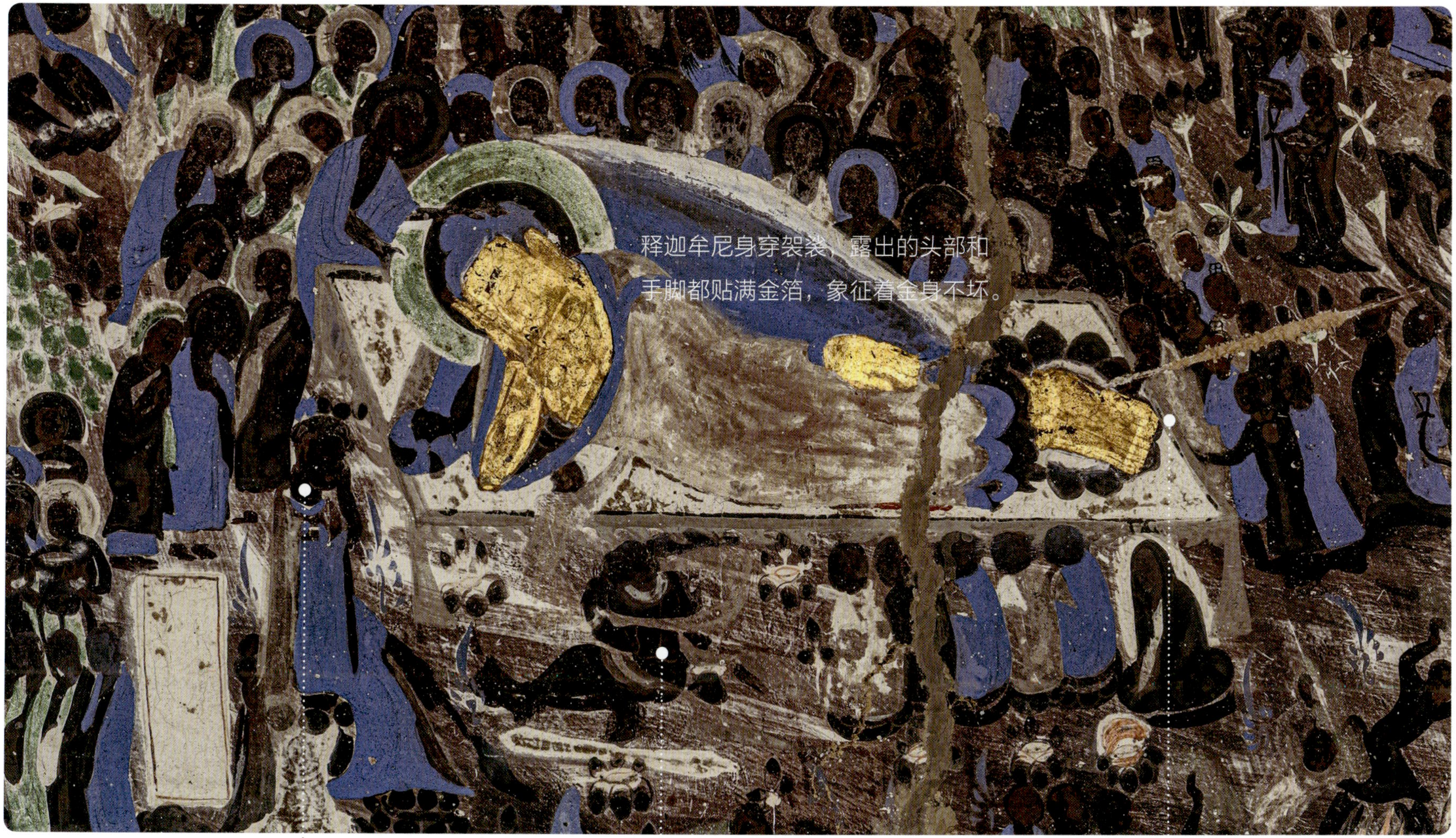

释迦牟尼身穿袈裟，露出的头部和手脚都贴满金箔，象征着金身不坏。

掩面哭泣的佛祖母亲

哭到昏厥倒地的金刚力士

一位弟子在抚摸佛脚

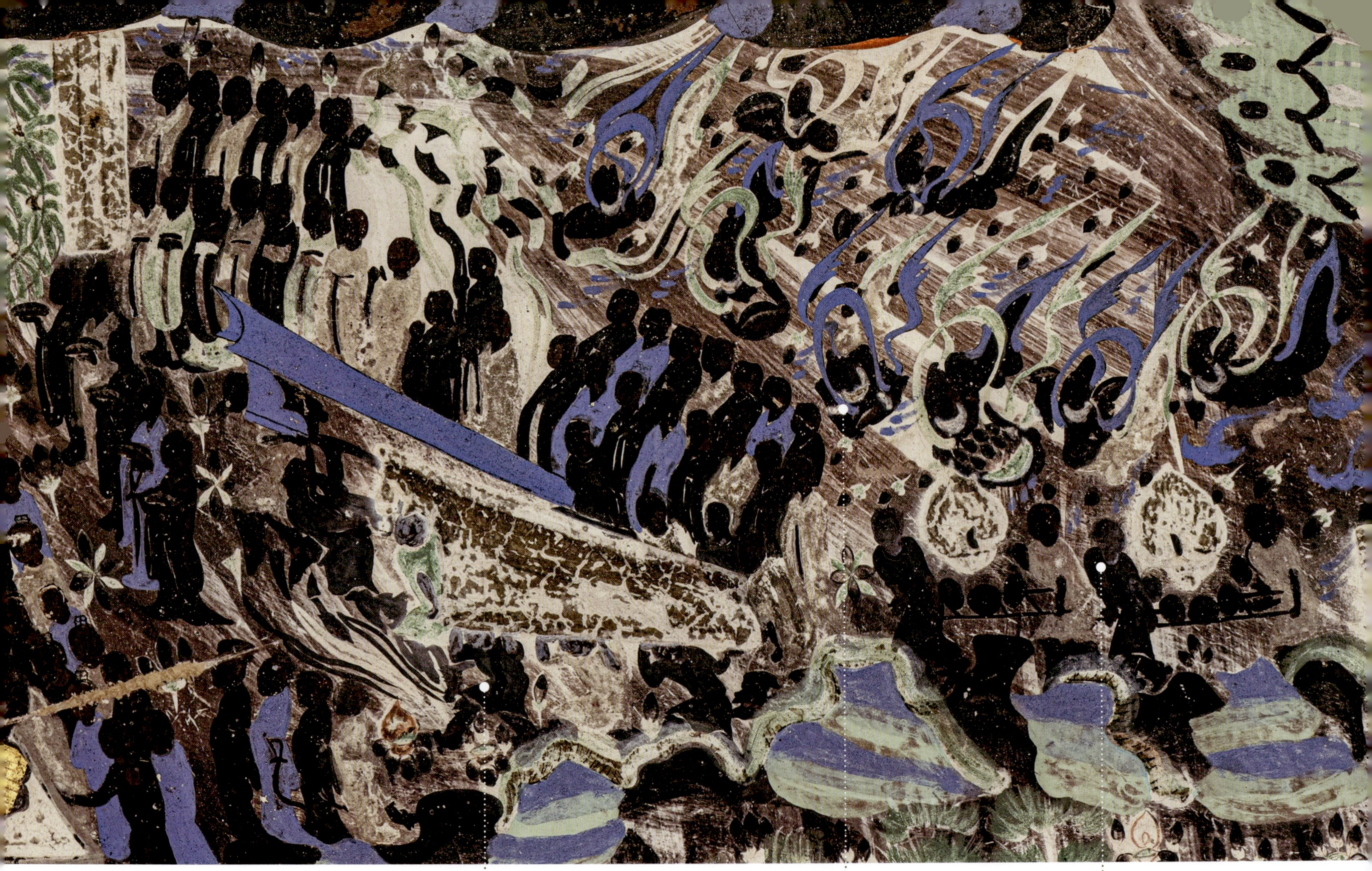
力士抬棺
飞天散花
双人抬着摩尼宝珠供养（两组）

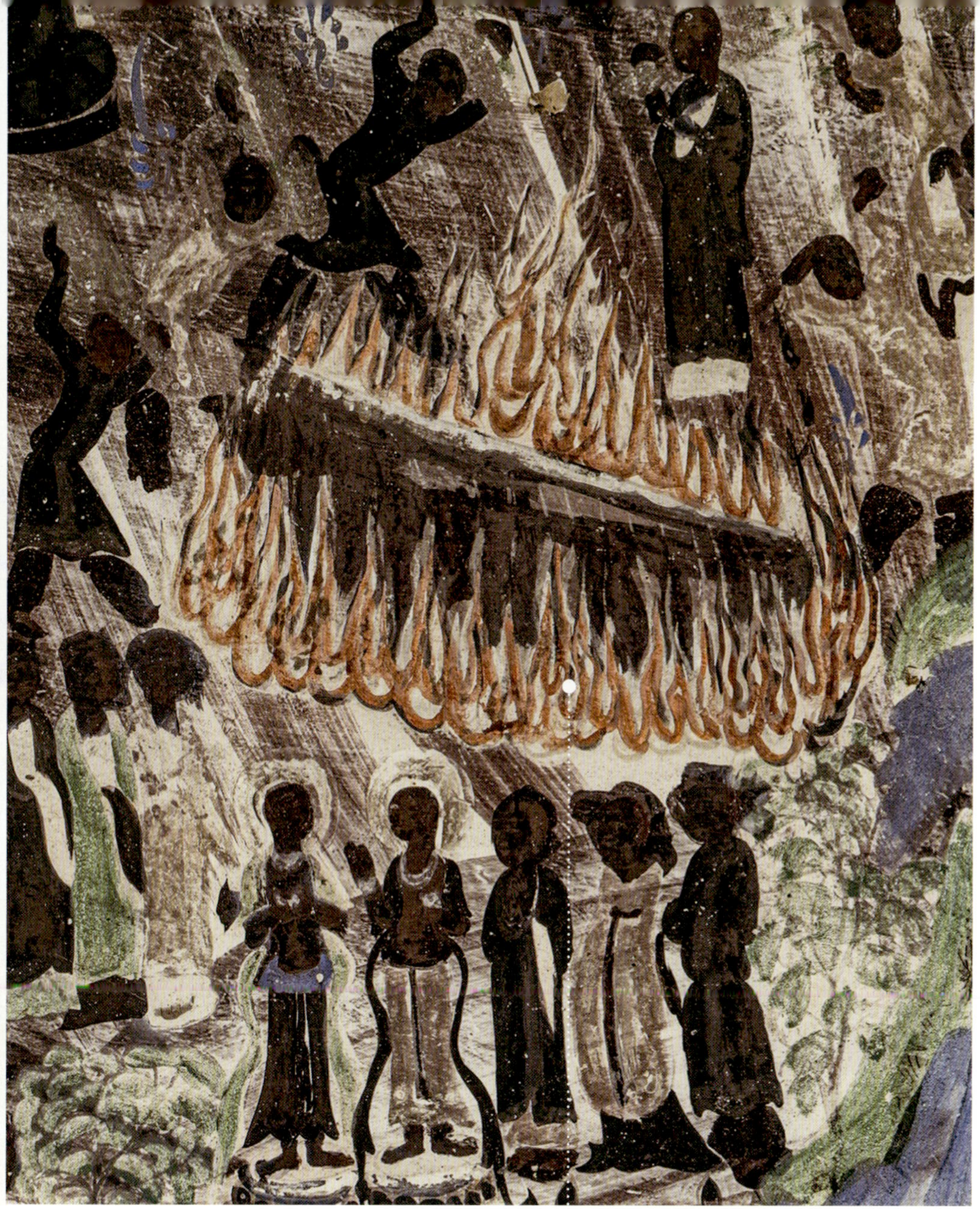

佛棺熊熊燃烧

七人乘船渡海

3

北披右侧：
佛在灵鹫山说法

灵鹫山，因长得像鹫鹰而得名，
是传说中释迦佛说法的地方。

释迦、多宝二佛并坐说法。

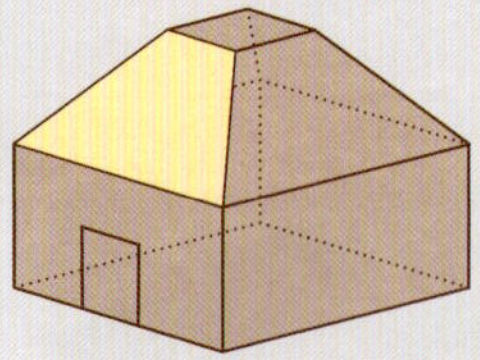

莫高窟第 420 窟
东披示意图

东披
观音救难显灵

东披的壁画内容主要为“观音救苦救难”和“观音三十三现身”。有趣的是，故事情节是从右往左慢慢展开的，构图则被分成了三大块。在上层的横幅里，通幅展现的是“救七难”当中的“救盗贼难”。中层和下层横幅的右半部分，密密麻麻地表现着“救七难”里的其他几难。左边的部分呈现的是“观音三十三现身”的恢宏场景。

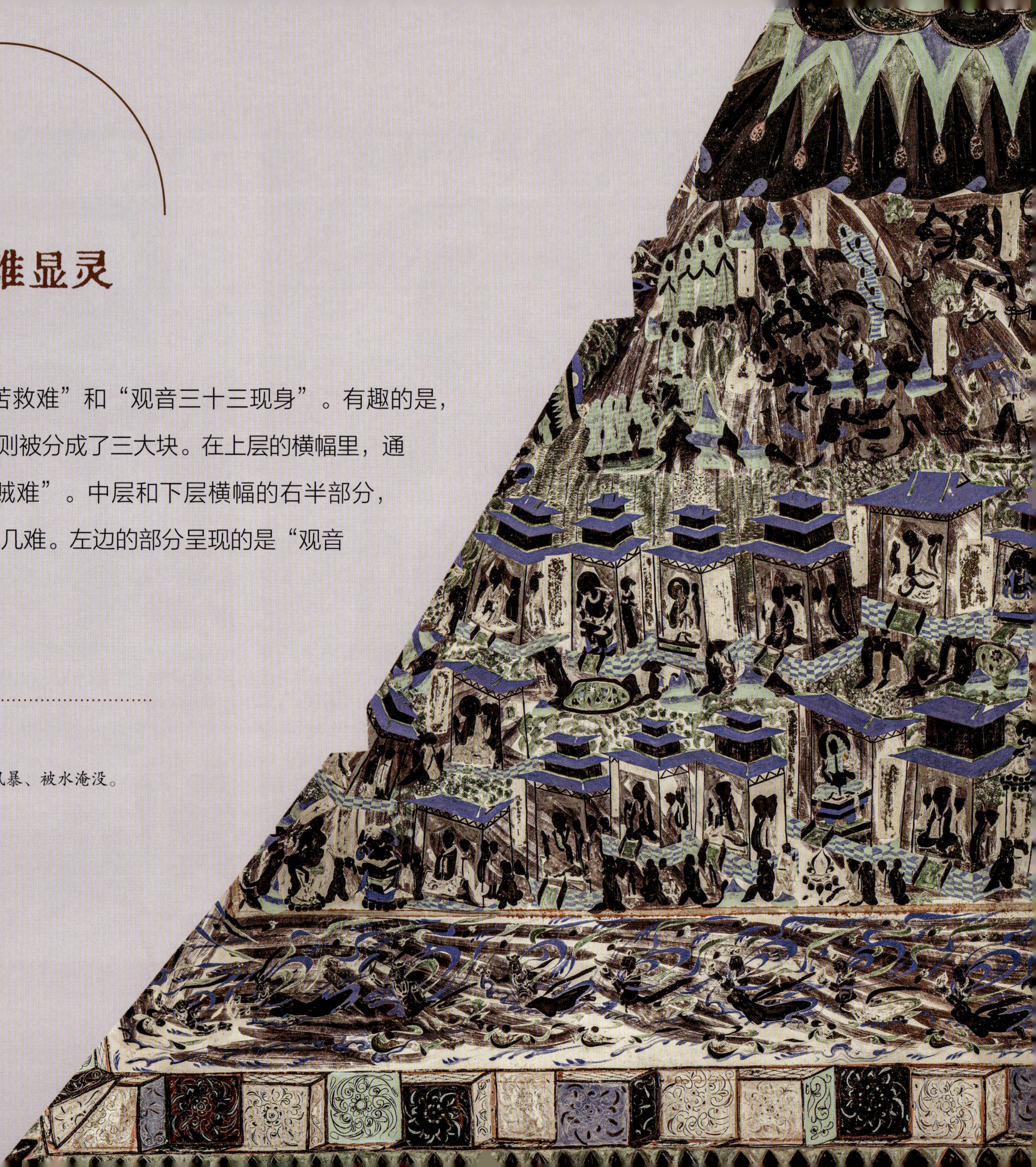

七难

水难：人在水上遇到的危险，如船只在大海中遭遇风暴、被水淹没。

火难：人面临火灾或被火包围的困境。

风难：遭遇强风、风暴等与风相关的灾难。

刀杖难：遇到被刀、杖、油锅等凶器加害的危险。

鬼难：受到罗刹等恶鬼的侵害或威胁。

枷锁难：枷锁泛指古代的刑具，象征着人被囚禁。

盗贼难：被仇人或盗贼围困、打劫，陷入困境。

藻井周边纹饰
1.东披上部：西域商队，遇盗得救
3.东披右侧下部：观音救难
2.东披左侧下部：观音现身
飞天列队而飞
凹凸方块状的天宫栏墙

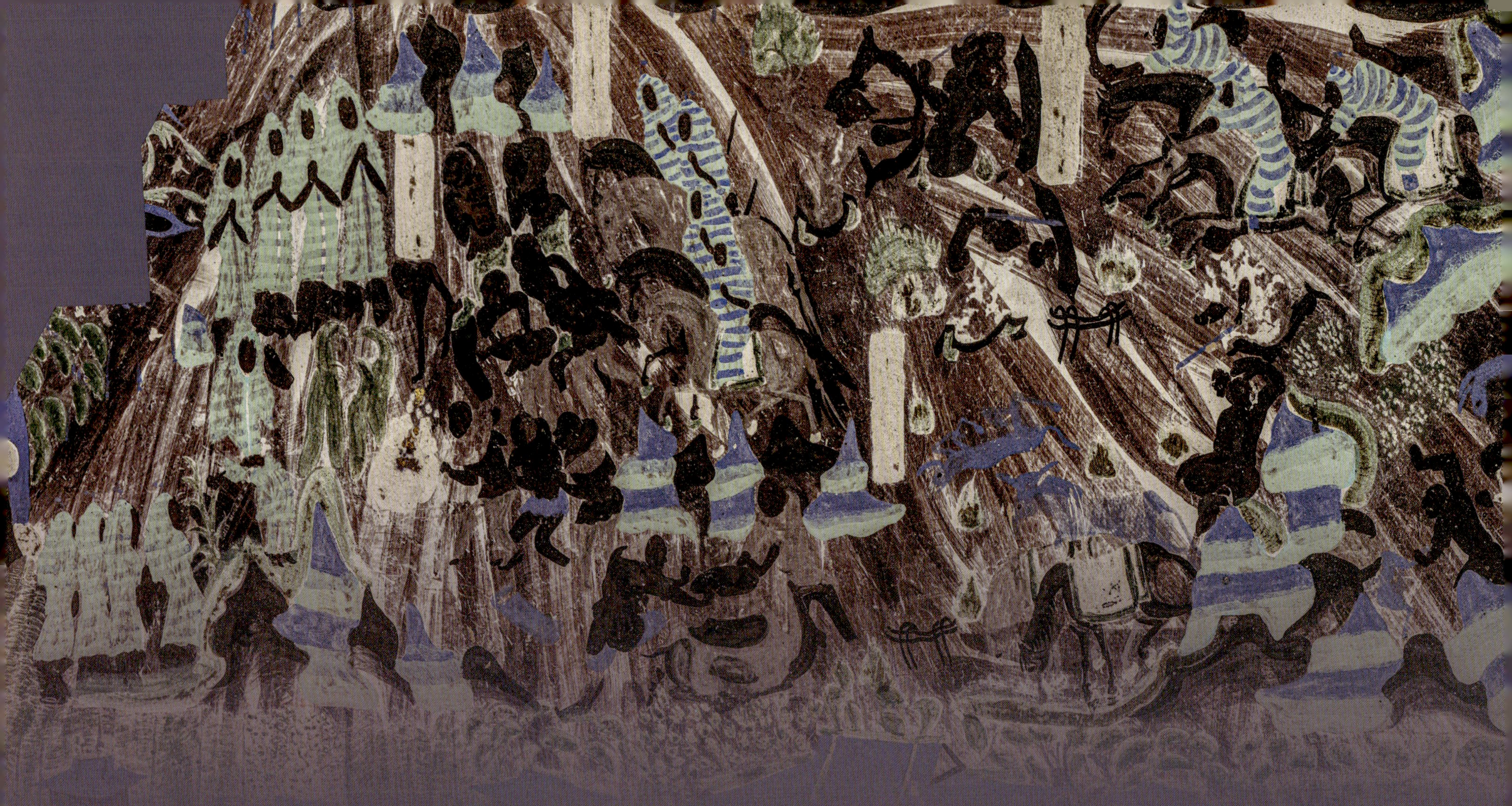

◇1◇

东披上部：西域商队，遇盗得救

东披壁画上部，从右向左讲述了西域商队遭遇强盗，最终得救的故事。一行商人在出行前整备行装，祈祷一路平安顺遂。山势险峻，道路崎岖，骆驼也因为路途艰险不慎坠崖。然而，更惊险的事情还

是发生了，他们半路上遇到了强盗打劫。商队奋力抵抗仍然无济于事。就在此时，大家纷纷喊出观音菩萨的名号，强盗竟就此悔改，放下了歹念，商人们最终得到解救。

9. 商队被俘，虔心祈求观音显灵。

8. 穿着盔甲的强盗骑马突袭，商队拿起刀盾迎战。

10. 强盗放下屠刀，列队而站，双手合十。

7. 商队在山谷中休息，马吃草，驴打滚。

1. 商人行前跪拜祈福
2. 给骆驼肚子里蓄水
3. 商人带队出发
4. 脚夫赶着一长串骆驼、毛驴，满载货物，翻山越岭。
5. 骆驼失足坠崖，两个脚夫俯视山谷，心惊胆战。
6. 一个脚夫领队下山，一个脚夫紧紧拽着毛驴的尾巴。
脚夫
货物
毛驴

② 东披左侧下部：观音现身

虽然画面没有将观音的三十三现身全部绘出，但画面极尽细密，视觉上足以给人观音化身众多之感。

观音现身为披甲将军

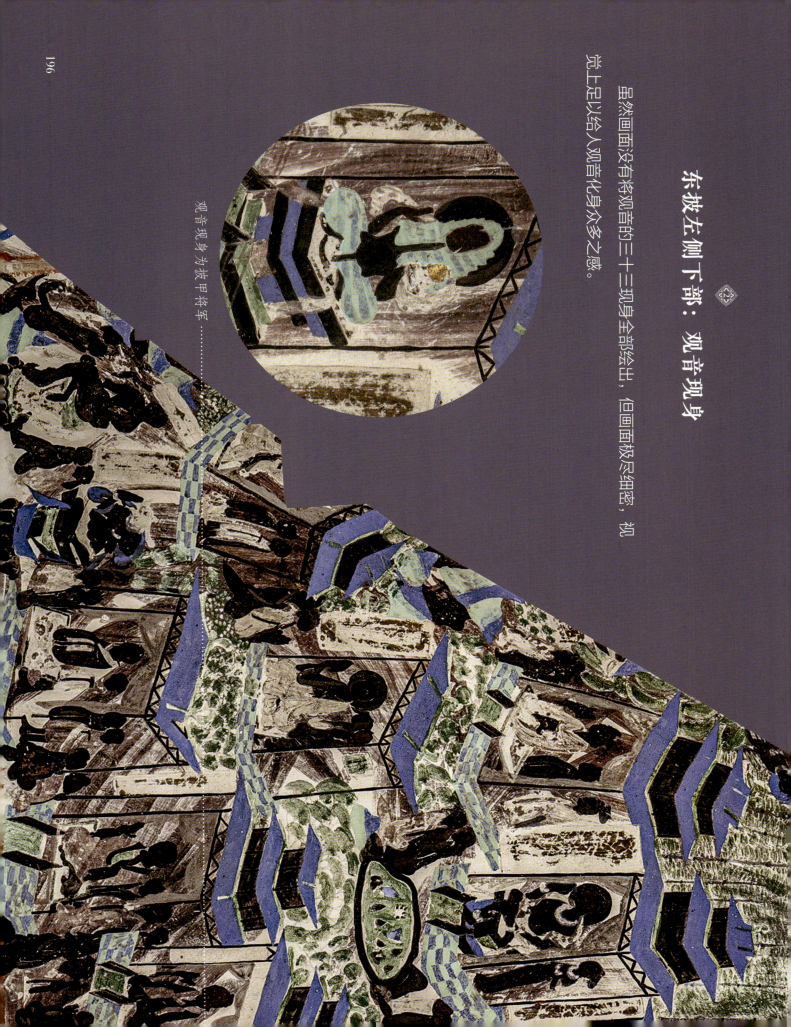

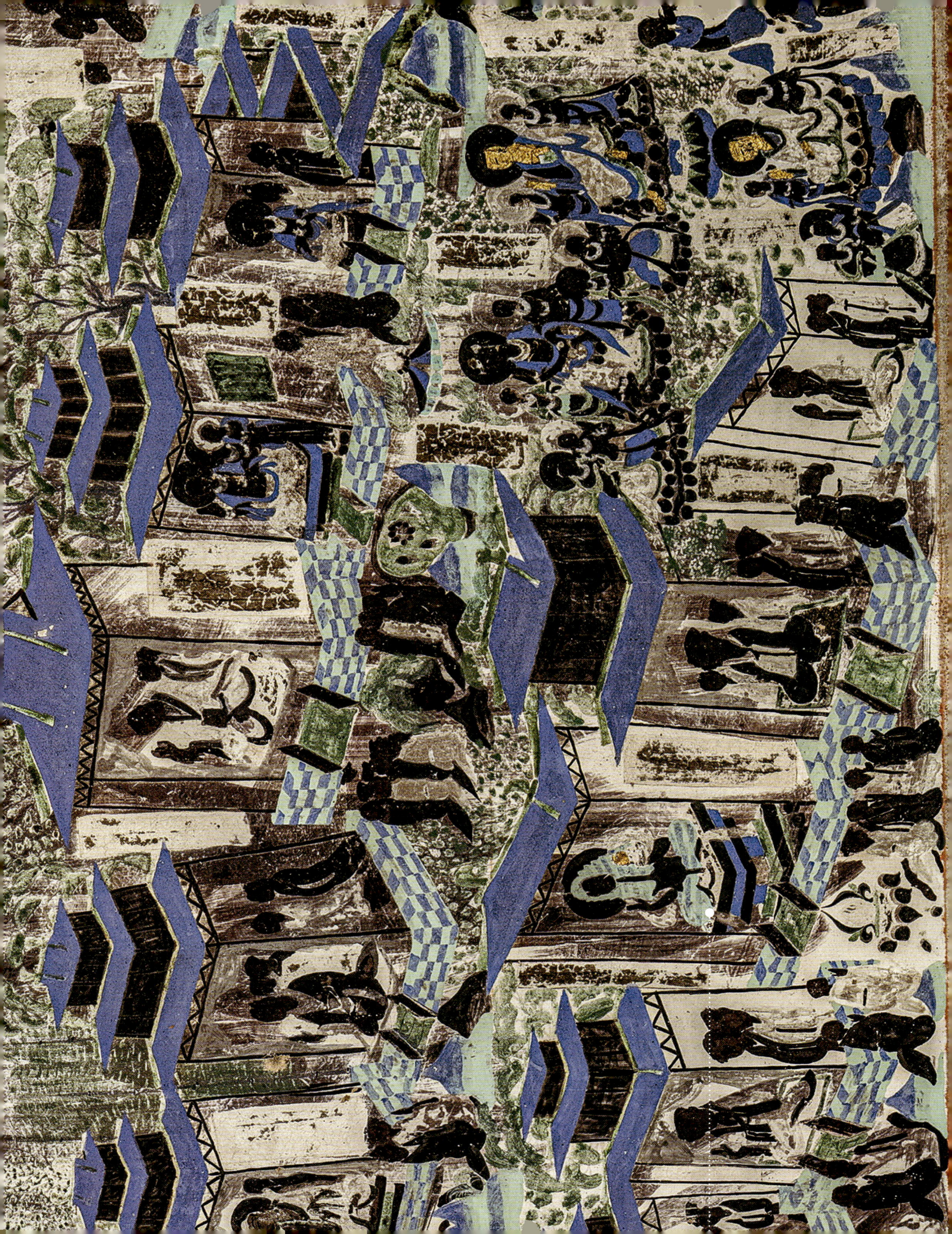

东披右侧下部：观音救难

传说，浩渺的大海上，船上的一群人遇到了前所未有的暴风。黑浪翻腾，波涛汹涌，正在危险关头，人们大喊观音菩萨的名号，顿时风浪平静，脱离了险境。

海难

枷锁难

落水的人，为什么身体一半蓝、一半黑？

因为落水之人一半身子在水里，一半身子在水上，有色差。

观音菩萨正在伸手解救落水之人

火难

油锅难

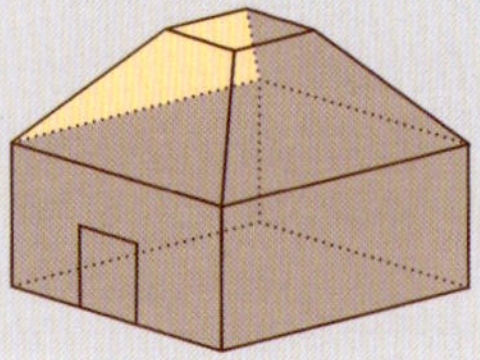
莫高窟第 420 窟
南披示意图

南披
众生逃离火宅

传说从前有一个很大的宅院，里面住着一位智慧的长者和众多男女老少。虽然宅院华丽又舒适，可人们不知道的是，危险已经降临——屋顶正在起火。火势愈发凶猛，可人们还在宅院里嬉戏玩耍，完全没有意识到危险。长者知道直接劝人们跑出来，他们可能不会听。于是，长者心生一计，他在宅院外大声呼喊：“大家快出来玩，我为你们准备了好玩儿的羊车、鹿车和牛车！”听到有好玩儿的新鲜玩意儿，人们纷纷跑出宅院。长者成功地把人们带出了危险的火宅。

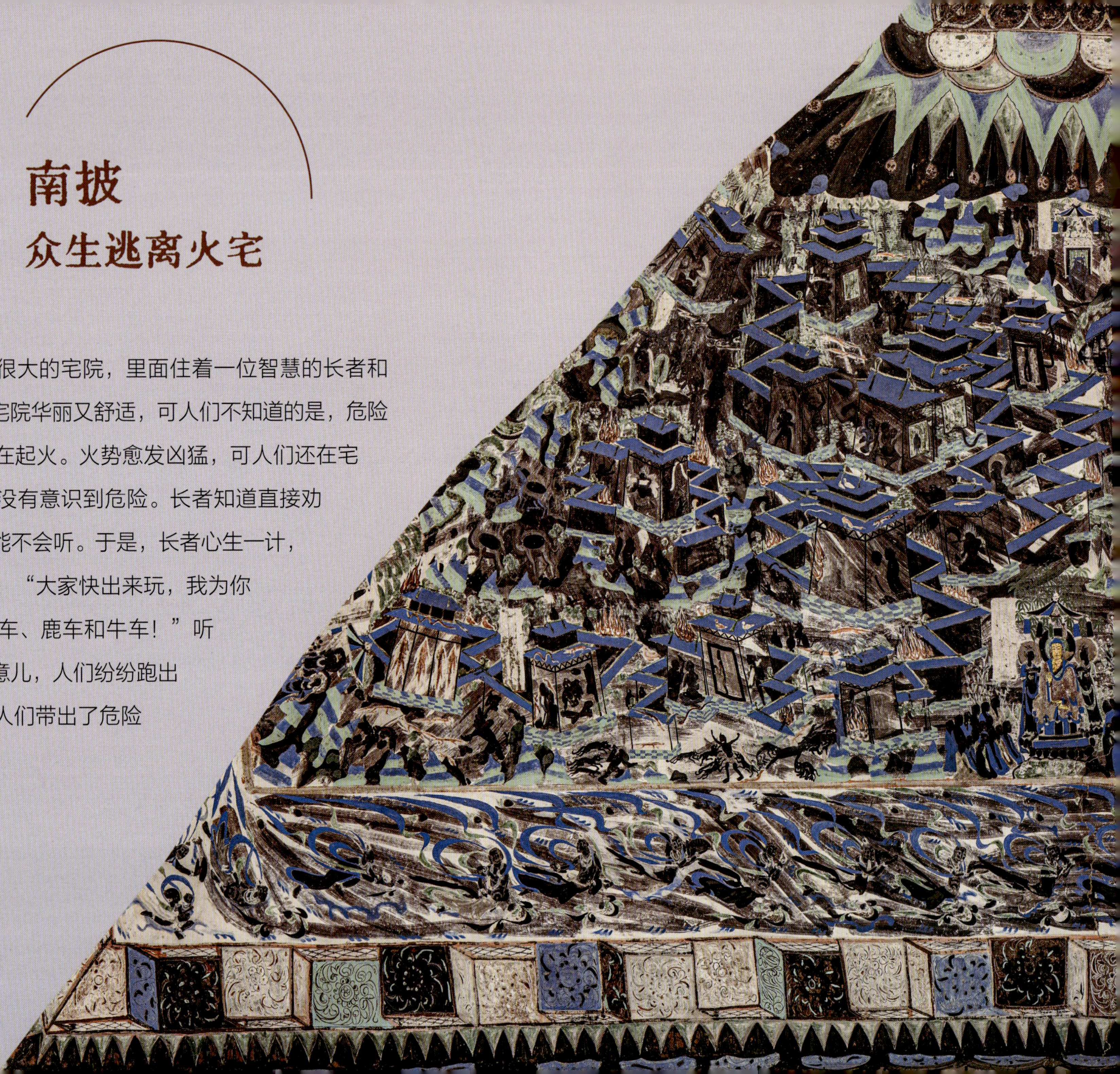

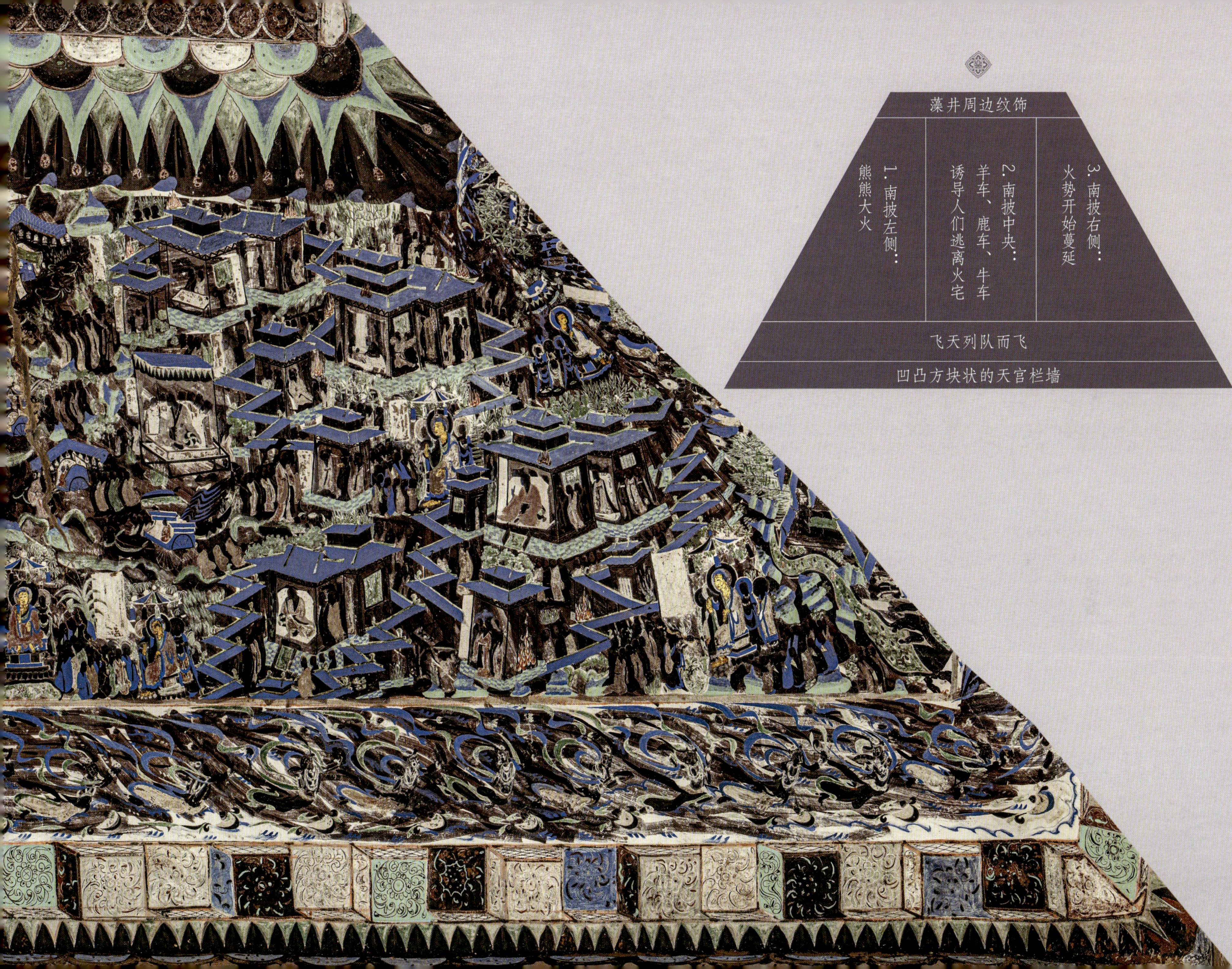
藻井周边纹饰
1. 南披左侧：
熊熊大火
2. 南披中央：
羊车、鹿车、牛车
诱导人们逃离火宅
3. 南披右侧：
火势开始蔓延
飞天列队而飞
凹凸方块状的天宫栏墙

南披左侧：熊熊大火

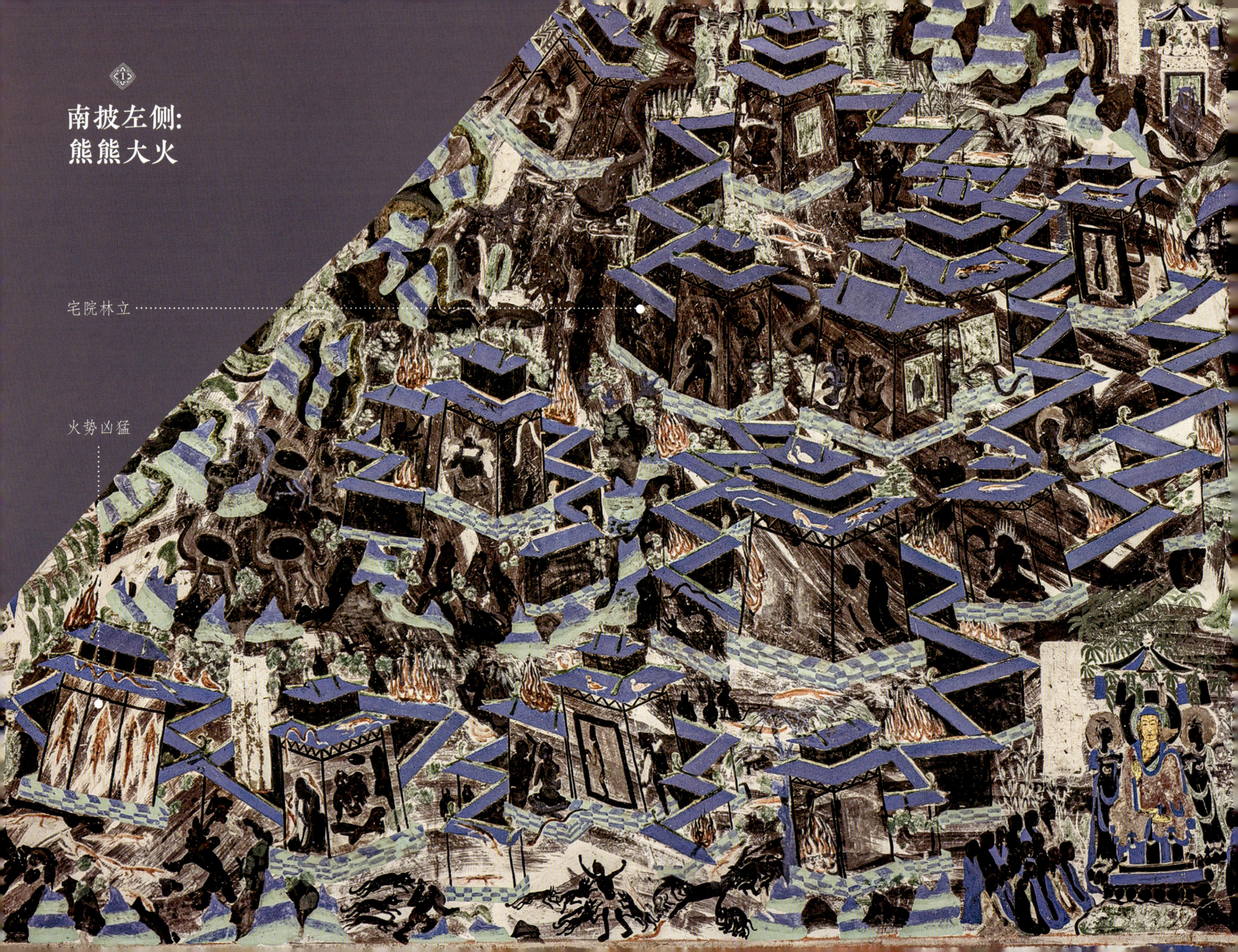

着火
一人开门向外观望
二人走出院外，被野狼追咬。

车马
山峦
人物

南披中央：羊车、鹿车、牛车诱导人们逃离火宅

画面中间人物、山峦和车队为画面分隔带，将建筑群分为左、右两部分。

羊车

牛车

鹿车

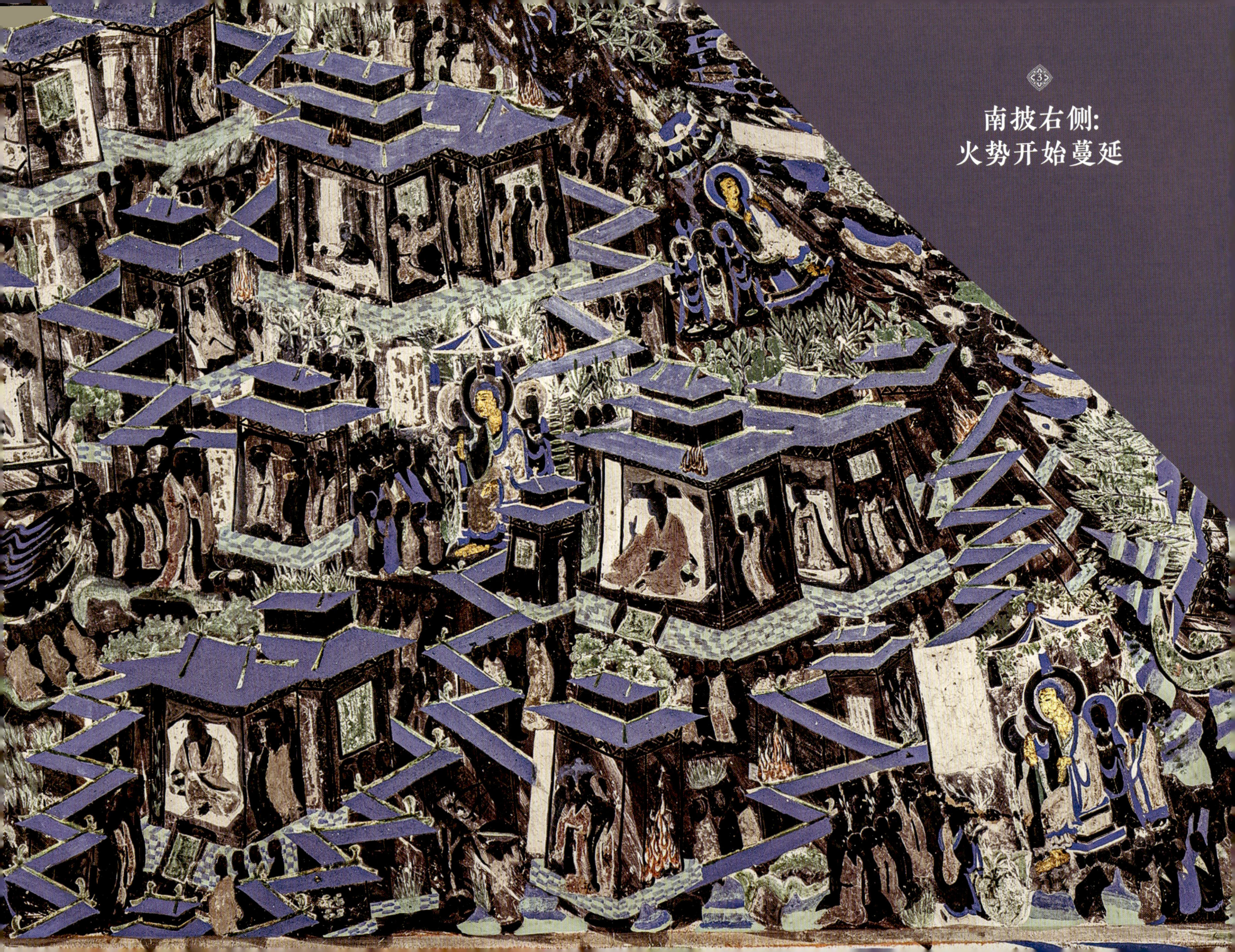

3

南披右侧:
火势开始蔓延

在三重屋檐的高墙深院大宅中，堂厅里的大人小孩浑然不知屋顶已经着火，旁边有人惊慌告诉他们：“着火了！”

后面刚起火的院落，最高的殿堂有三重檐，男主人坐在前厅，女主人坐在后室。

唯一没有着火的院落。

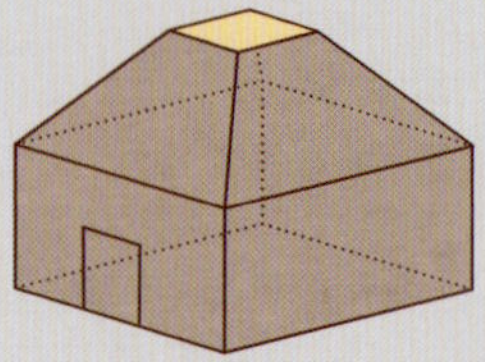

莫高窟第 420 窟
藻井示意图

藻井
三兔共耳的无尽追逐

三只兔子三双耳，每只兔子两只耳，请问三只兔子几只耳？

藻井的中心有三只兔子在盘旋追逐，而环绕着它们的，是像转轮一样的圆轮大莲花。套斗藻井的四个角落，分别有飞天和乌获。在中心方井的外框边饰上，画着一圈带有波斯（今伊朗）风格的忍冬狮子联珠纹，充满了异域风情。藻井的最外层呢，是一圈垂幔铺在四披上，铃铛点缀其中。原本静态的华盖式藻井，因为奔跑、旋转、飞升的画面，仿佛也充满了活力，就像随风起舞一般。

如果仔细看，会发现三只兔子朝着同一个方向奔跑，相互追赶，相互联结，共用三只耳朵，但永远也追不上彼此，就好像人的前世、今生与来世。这三生三世，恰好呼应着窟内三面壁龛代表的过去世、现在世、未来世的“三世佛”。

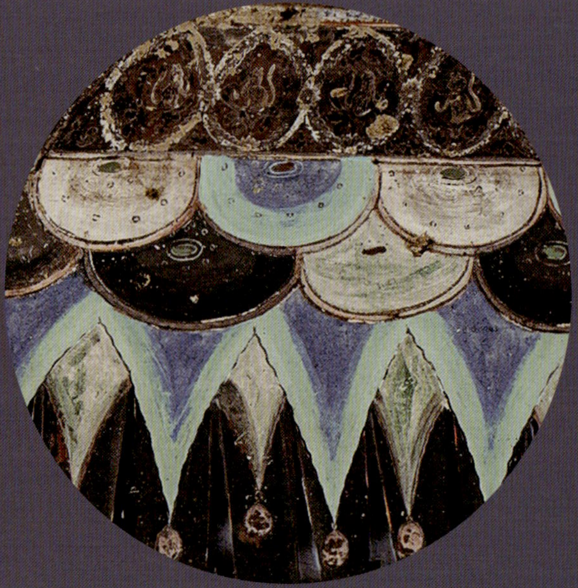

方井外框饰以忍冬狮子联珠纹、鳞片形垂幔、三角形垂幔和铃铛。

同样建于隋代的莫高窟第 407 窟中的三兔图案更为清晰

外岔角绘有翼兽（乌获）
三兔共耳
圆轮莲花井心
内岔角绘有飞天

莫高窟第 217 窟是初、盛唐之交的敦煌豪门——阴氏家族出资兴建的。洞窟内的壁画保存完好，结构精巧，线条飞扬细腻，色彩表达更是开启了中国青绿山水画的新篇章。壁画之上的建筑群庄严华丽，殿堂楼阁中的人物生动活泼，尽显大唐宫城富丽堂皇的气象。

莫高窟第217窟

青绿山水中的神奇旅行

时代：盛唐　洞窟形制：覆斗顶型

莫高窟第 217 窟观无量寿经变局部

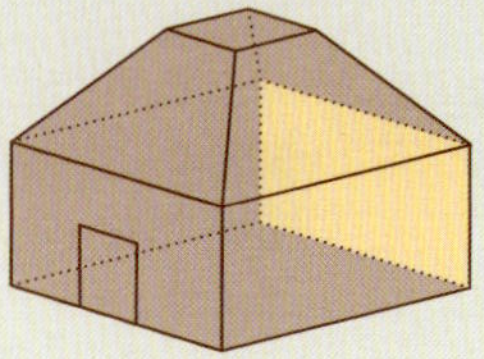

莫高窟第 217 窟
西壁示意图

西壁
壁上空空都是谁？

西壁正中间的这尊佛像，面容似乎与周围几位格格不入？没错，这尊佛像并非原作，而是在清代重修的。他的两侧现存有四身菩萨画像和八位弟子画像。菩萨的身躯原本是浅亮的白色，但由于年代久远，岁月侵蚀，使其氧化成了黑乎乎的样子。正面有两个空位，左右各有两个空位。这些空位原来是什么呢？可以看到，佛的身后两边都是“光头”穿袈裟形象的弟子。根据“佛 + 菩萨 + 弟子”的固定组合模式可以猜测，壁上空出的位置应该就是戴着宝冠的胁侍菩萨的雕塑，可惜他们被盗走了！

1. 团花纹
2. 菱形纹
3. 趺坐佛（清代重修）
4. 头光团花纹
5. 背光火焰纹
6. 弟子阿难
7. 弟子迦叶
8. 大势至菩萨
9. 观音菩萨
10. 弟子之一（骨肉眉眼，刻画生动）

9
10
7
5
4
3
6

● 大势至菩萨

大势至菩萨是如何成为胁侍菩萨的？

传说从前有个转轮圣王，他的大儿子是观音菩萨，二儿子是大势至菩萨。后来，转轮圣王修行成佛，即西方极乐世界阿弥陀佛，观音和大势至就成为了父亲的左右助手，即胁侍菩萨。

头戴宝瓶冠，朵朵鲜花，含苞待放。

衣带飘飘，有“吴带当风”之妙。

身穿棋格纹的织锦

足踏青莲

观音菩萨到底是男是女？

其实，菩萨是超越了性别的存在，既可以被描绘为男性，也可以被描绘为女性。菩萨形象的多样性也与不同地域不同时期的文化背景契合。中国观音菩萨的形象早期多为男性，唐宋以后，逐渐以女性为主，因为这样更能体现其慈悲、善良、救苦救难的特质，符合人们的期待和想象。

头戴化佛冠

臂戴钏镯

一手持莲花

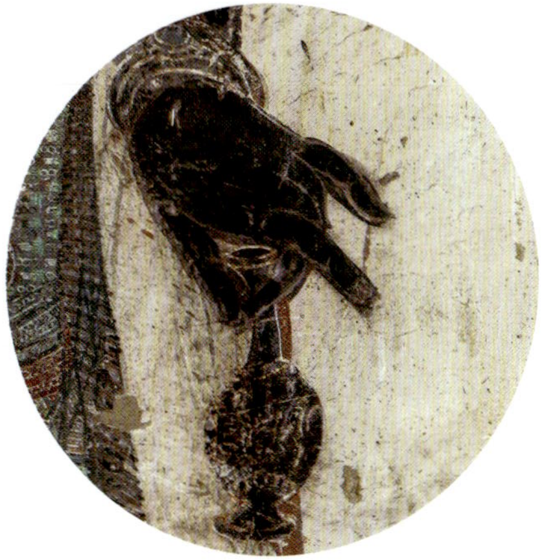
一手提净瓶

观音菩萨

● 阿难

《西游记》中阿难和迦叶的故事

《西游记》中，有一段刻意模拟世间人情的讽喻故事：唐僧师徒历经九九八十一难，好不容易才到了西天大雷音寺求取真经。谁知道如来佛祖身边的阿难和迦叶这两位尊者，竟然趁机朝唐僧索要“好处费”。唐僧苦着脸说：“我这一路上千辛万苦，哪有什么钱财啊！”阿难、迦叶听了撇嘴笑道：“白给你们传经，我们以后不得喝西北风啦！”

年轻阿难面容圆润

阿难双手合十

因为唐僧没给“好处费”，他们故意给了师徒四人一堆无字经书。唐僧发现后，哭得一把鼻涕一把泪。孙悟空这个暴脾气，哪里忍得了，气冲冲去找佛祖评理。结果佛祖慢悠悠回了一句：“这真经哪能随便就给。以前有人来求经，才收了三斗三升米粒黄金，我都觉得收少了，你们空着手来要，只能给无字白本喽。”没办法，唐僧只好把唐王赏赐的紫金钵盂交出去。阿难、迦叶这才把有字真经传给了师徒四人。

迦叶手持香炉

年老迦叶面容沧桑

迦叶

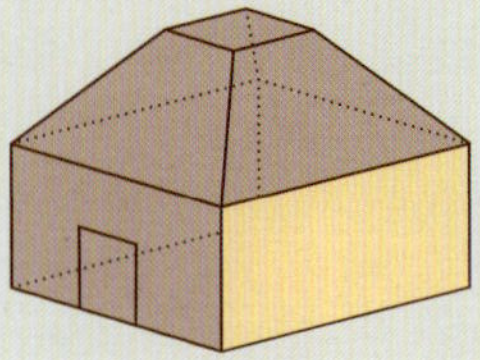

莫高窟第 217 窟
北壁示意图

北壁
极乐世界歌舞升平

北壁是观无量寿经变壁画，佛像位于中央，四周殿堂廊宇环绕，楼台耸立，空中的乐器“不鼓自鸣”，地下宝池开满莲花，展现了一片极乐世界的祥和安乐、歌舞升平的场景。

一般来说，敦煌壁画中的无量寿经变、阿弥陀经变和观无量寿经变，都被称为“西方净土变”。布局也比较类似，总体画面布局为：上方是虚空，中上方是宝树，中部是三尊佛菩萨，中下方是七宝池，最下方是宝地，环绕三尊佛菩萨背后左右的是宝阁。

观无量寿经变经典布局

左部：佛在灵鹫山说法及未生怨。自上而下，从左到右，包含王子宫变、囚禁国王、王后探望国王、佛祖说法等场景。	中部：极乐净土	右部：十六观。包含王后观日、观楼台、观水等场景。

1. 飞天穿楼
2. 不鼓自鸣
3. 佛殿
4. 宝树华盖
5. 阿弥陀佛
6. 乐队演奏
7. 舞伎起舞
8. 佛在灵鹫山说法
9. 未生怨之王子宫变
10. 十六观

3
1
2
4
5
9
7
6
10

佛经 → 变文 → 经变图

什么是变文？

变文通常指佛经被改写后的通俗版本。说法人为了吸引听众，讲经的时候还会加进去一些有趣的小故事。变文并不改变佛经原本的意思，只是把教义改得更通俗，让普通信众更容易懂。

什么是经变图？

经变图是按照变文来画的，就是用绘画的手法将佛经的内容简洁明了地表现出来的图画。

为什么会有经变图？

经变图就好比是图画版的经文，是用图画向古代不识字的人们讲述经文的一种方式。

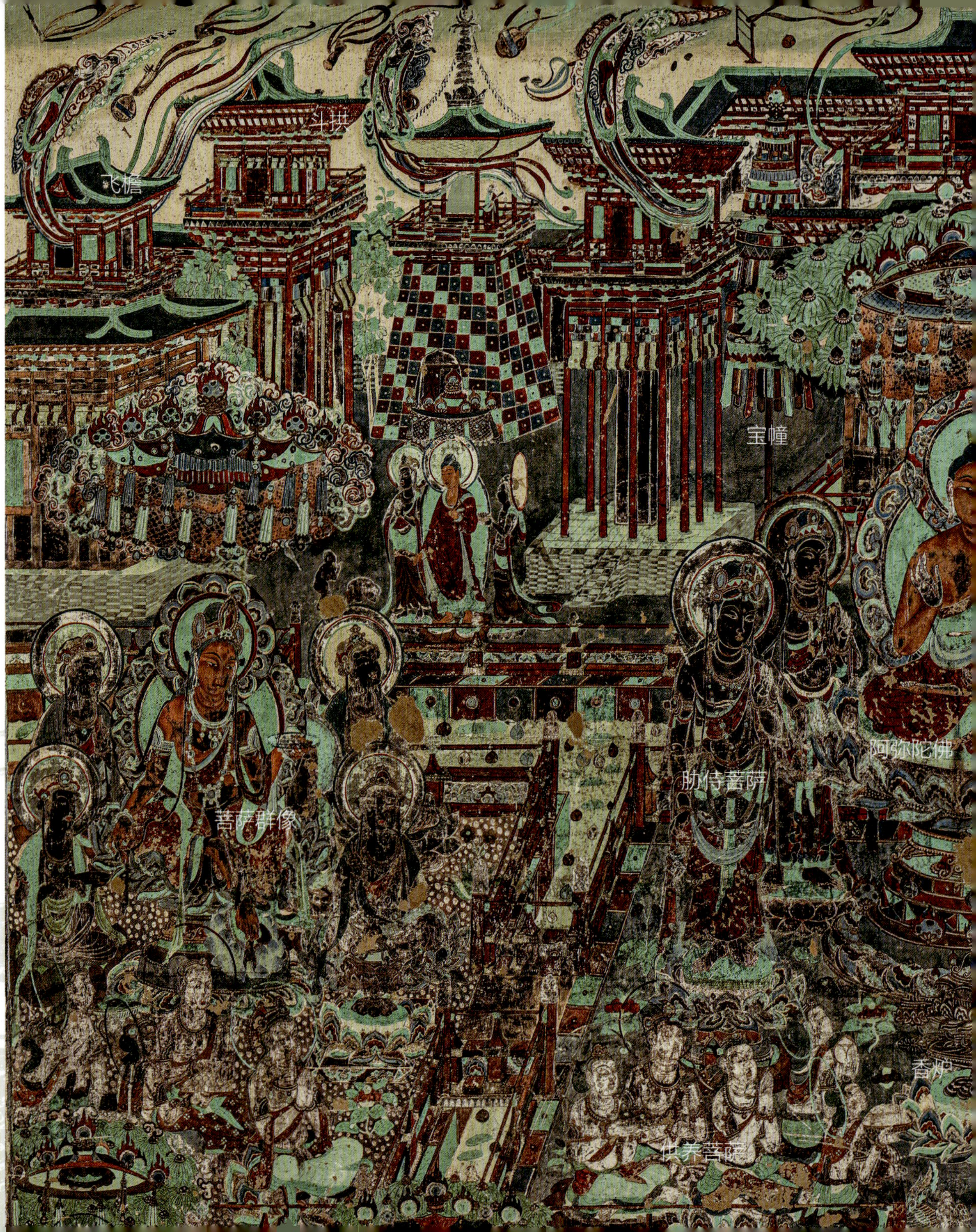

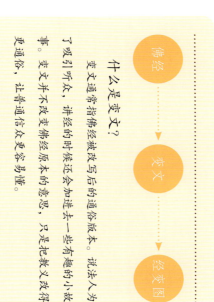

散点透视 VS 焦点透视

我们都能够看到屋檐下的斗拱，这意味着什么？这表明是采用了仰视的视角，因为只有通过仰视的视角才能够看到屋檐以及下面的构件。但是当我们看下面的莲池，那些密密麻麻的莲花在水池里面，这种情况就变成了典型的俯视视角。当我们看见佛像的面容时，视角又变成了平视。

一幅画里面同时运用了仰视、平视、俯视，这就是中国画中的散点透视。什么叫散点透视？就是不聚焦。与之相反，西方画强调穿透式的聚焦，即焦点透视。

敦煌杂耍团：叠罗汉的化生童子

飞天　钟台　罘罳（fú sī）：设在屋檐下防止鸟雀筑巢的金属网。　佛殿

飞天穿楼，不鼓自鸣

画面上部的正中和左右端各有一座楼阁，其间对称地安置了六座高台，包括两座贴着彩色方砖的砖台（钟台和经台）和四座竖楼式木台，台上设有方亭或歇山顶的小阁，建筑都是典型的唐代风格。因为听到佛法的妙义，几位飞天喜不自禁，穿梭于楼台之中，与天上飘下的众多乐器一起组成了流动的天际线。

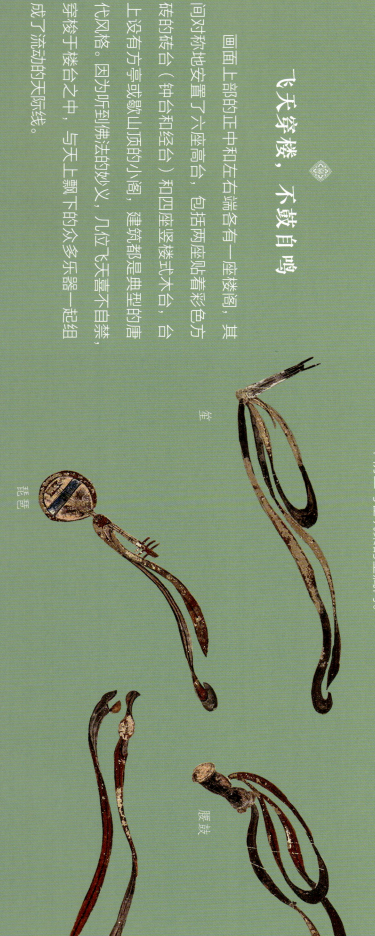

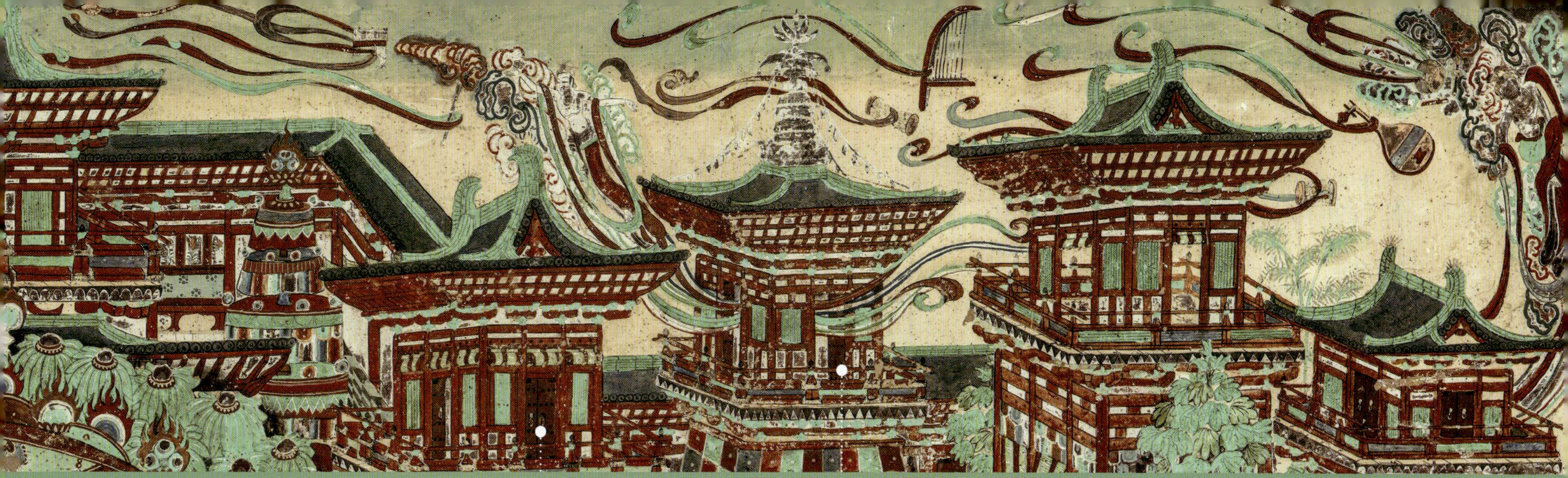

不鼓自鸣的由来

成语“不鼓自鸣”出自佛家典籍“箜篌琴瑟，筝笛箫茄，不鼓自鸣”，古代工匠们根据文字创造了具体的画面（经变图）：天上的乐器无需乐手自动奏响，极乐净土一片欢乐祥和。现在常用“不鼓自鸣”比喻事情在没有外力作用下自动产生好的结果，或事物本身的优秀之处自然显现出来，不需要过多宣传推广。

佛在灵鹫山说法

眉间放光显现十方诸佛

卷草石榴纹

释迦佛在灵鹫山说法

菩萨身穿扎染而成的红色长裙

瀑布从山崖中飞流直下

未生怨之王子宫变

从前，有一位王子听信恶言，发动了一场宫变。城外广场上，十位（象征众多）武士分立两边，一边持矛进攻，一边持盾抵抗。两位大臣正向骑马的王子禀报，头戴冕旒的国王及侍从被驱赶到一旁，气氛十分紧张。宫变成功后，王子将国王幽禁在宫殿之内不给饮食，王后则想方设法暗中给国王送食物，不料被王子发现，王后也被幽闭深宫。

王子

五位武士持矛进攻

五位武士持盾抵抗

两位大臣正向骑马的王子禀报

头戴冕旒的国王和侍从被驱赶到一旁

十六观之王后冥想修行

因为被囚禁，王后整日忧愁憔悴，于是向灵山的佛祖祈祷，寻求解决的办法。佛祖与他的弟子现身王宫，告诉王后：她与国王之前为了求子，曾杀生太多，所以有此恶报，并讲述了“十六观”（十六种禅修的方式）可以帮助他们解脱因果苦海。王后听完后，顿悟从前的过错，开始了自己的“冥想”和“见自己、见天地、见众生”的修行。

观日

观地

观宝池

观宝树

观无量寿佛

观楼台

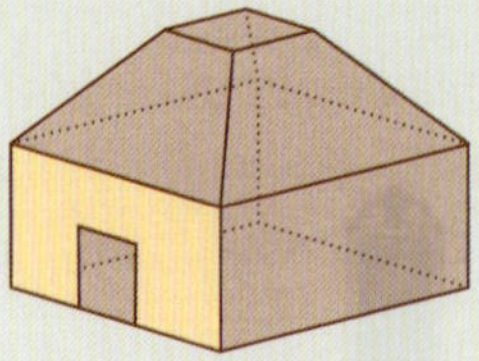

莫高窟第 217 窟
东壁示意图

东壁
观音菩萨救苦救难

东壁的主角是我们耳熟能详的观音菩萨。左右两侧上部主要描绘了观音菩萨各种救苦救难的情景，下部描绘了观音菩萨三十三现身。

在那么多神话传说，那么多菩萨里，没有哪位菩萨能比观音菩萨更出名。因为他 / 她宅心仁厚、心地善良、专门拯危救难。在东壁的画面当中，观音菩萨可以随时随地如“超人”一般飞来，拯救人们于水火之中，帮人们转危为安、逢凶化吉。

1. 单枝石榴卷草纹
2. 佛在灵鹫山说法
3. 释迦、多宝二佛并坐说法
4. 观音菩萨向二佛献璎珞
5. 五代刷墙补画的比丘洪认
6. 洪认供养的香炉

1
2
3
4
5
6

为什么孙悟空一有难就找观音菩萨？

传说，当人碰到像三毒（贪、嗔、痴）、两求（求儿、求女）、人生遇到的苦难、野兽带来的伤害、被刀兵攻击等灾祸时，只要默念或呼喊“观音菩萨”的名号，观音菩萨就会现身，帮助人们摆脱困境，遇难成祥。

在东壁左侧观音菩萨现身救苦救难的画面里，一重又一重的山水画把不同的故事情节给隔开了，这里有陡峭的山峰、起伏的山峦还有平坦的地面。每个救难场景中，都画着观音乘祥云从天而降，线条流畅，势若飞舞。

观音救情难

痴男怨女为情所困（两个亭亭玉立的少女，头梳高髻，身穿窄袖短衫长花裙；男子正向她们作揖，恋恋不舍表达爱意），观音解救他摆脱痴情和欲望。

观音救鬼难

穿红色翻领大衣的男人被鬼怪围攻，观音前来救难。

观音救嗔难

有人因为嗔怒，火冒三丈、气急败坏，观音前来救难。

观音救刀兵难

有人正要遭受刀兵之灾，观音前来救难。

观音救猛兽难

有人被猛兽袭击，观音前来救难。

观音救坠落难

有人跌落山崖，观音前来救难。

观音救雷暴难

有人遭遇雷暴，观音前来救难。

观音救盗贼难

被强盗打劫，观音前来救难。

观音现身开导世人

初唐时期的中国画背景与颜色有了新的模样，不再是以红黑设色为主的人物画，而是出现了以蓝绿设色为主的青绿山水画。青绿山水画的颜色特别鲜亮，开启了中国绘画新的篇章。

在东壁右侧这部分壁画上，几乎整面墙都画着色彩清新的青绿山水，在山峦和平地的起伏之间，分散画着各种各样观音菩萨救难和现身开导世人的故事。

观音救海难

海船遇到风暴，有人落水，水里还有鬼怪索命，船上两人双手合十默念“观音”名号，于是观音前来救难。

观音救火难

有人困于火场，观音前来救难。

观音开导世人

青绿山丘之间，观音现身，开导世人。

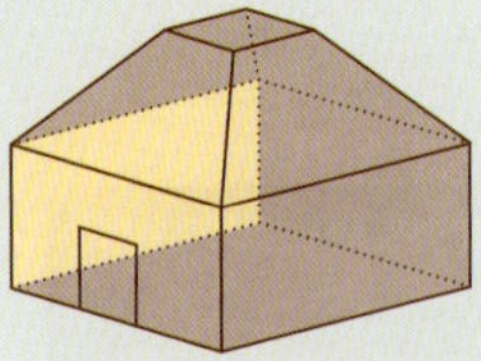

莫高窟第 217 窟
南壁示意图

南壁
历经险阻取回真经

我们将南壁分为三部分来欣赏。南壁的中间描绘了佛祖说法，一众菩萨、弟子等人听法的画面。中间上部祥云缭绕，天宫在云海之中若隐若现，描绘了佛教宇宙观中的须弥山和八座由回廊相连的殿堂。南壁的左侧描绘了佛祖在说法时的情景，众弟子虔诚聆听，场面庄严肃穆。同时，这一部分还展示了农历十五月圆之夜，人们吃斋念佛，祈求平安吉祥的盛大场景。这不仅是佛教信仰的重要体现，也是敦煌地区人民日常生活风俗的生动写照。南壁的右侧则是敦煌壁画中最具趣味性和启发意义的经变图之一——化城喻品。这幅经变图不仅用形象生动的图画讲述了求取佛经的艰辛历程，而且引领了青绿山水的布局和设色，呈现出峰回路转、色彩绚丽的景象，具有极高的审美价值。

1. 佛在说法
2. 眉间放光
3. 佛光化作祥云
4. 祥云之上十方诸佛坐于楼阁之中说法
5. 太阳与其中的金乌
6. 月亮与其中的蟾蜍
7. 右侧角落旁听佛法的王侯（头戴冠冕，有一圈头光）
8. 左侧角落旁听佛法的王侯夫人与两位仕女

1
2
3
4
5
6
7
8

四位僧人在走廊边打坐

圆月悬空

三位施主伴着僧人吃斋念佛

窣堵坡

童仆和侍女正在准备斋饭

人们围绕着内有坐佛的宝塔进行礼拜

圆月之时，吃斋念佛

传说，农历每月十五月亮正圆的时候，大家都得好好洗个澡，穿上干净的衣服，然后开始吃斋念佛。如果诚心念佛，就能延长寿命，保持无病无灾，所有的坏事、恶事带来的麻烦也会统统消失不见，就连死后在地狱里受的那些苦都能一下子得到解脱！

印度式窣堵坡　　过渡期　　中国楼阁式塔

窣堵坡（覆钵式塔）

佛祖所在的塔顶形状源自印度建筑中的窣堵坡（sū dǔ pō）。窣堵坡的中心有一根祭柱，连接着佛塔底部和天空，暗示着天地相连。中式建筑的宝塔结构多有借鉴。

王子出家

八位王子刚刚舍弃王位，到佛前请求出家为僧。

王子身披铠甲，头盔上镶嵌宝珠，铠甲上有护领、护肩、护膊。

死者灵魂驾着祥云升天
一俗衣男子两手伸向骸骨
一俗衣男子合掌而跪
死去变成骸骨
骸骨脚下涌出云彩

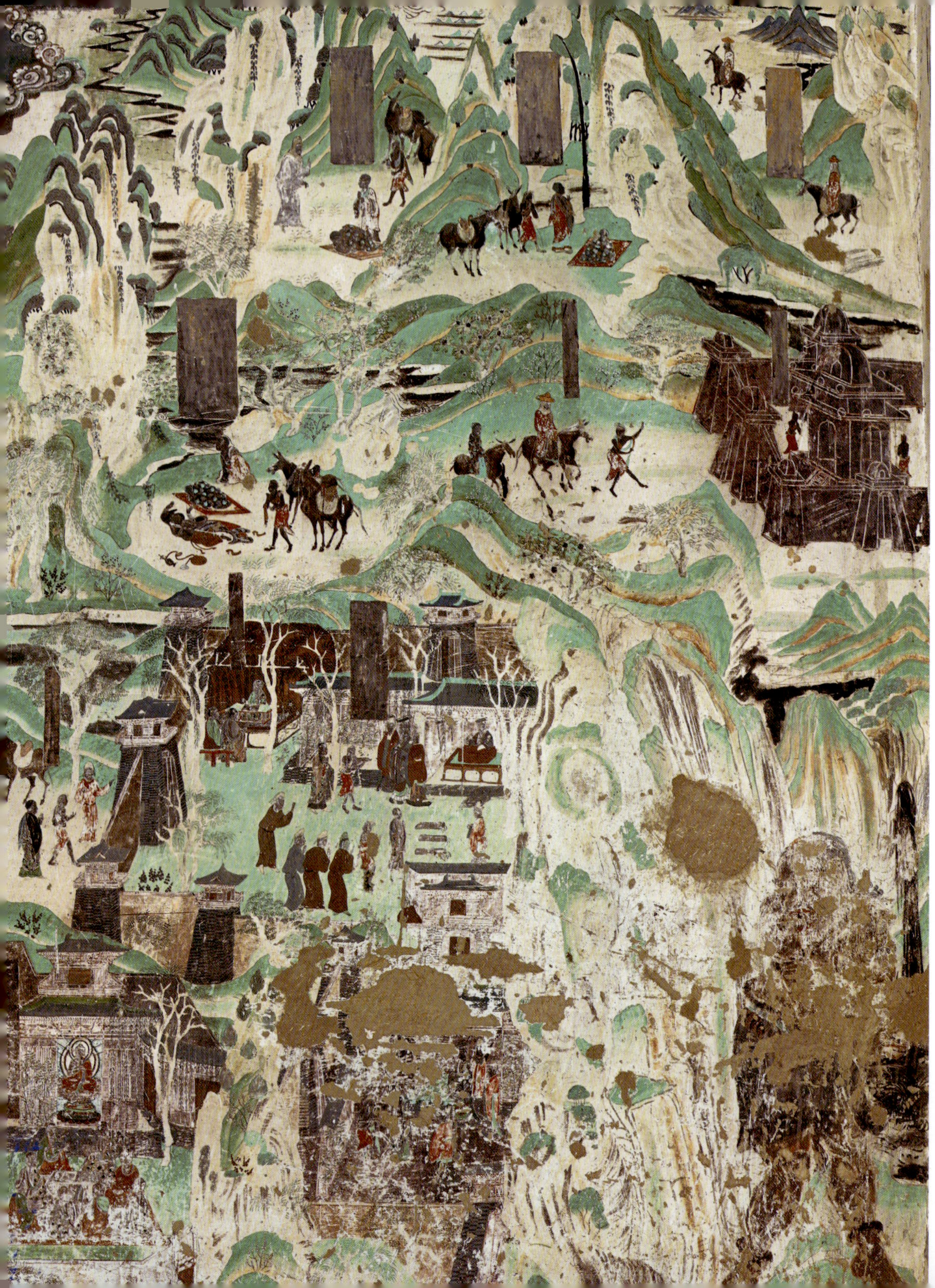

沙漠之中，幻化城池

南壁右侧是敦煌壁画里最有意思的经变图之一——化城喻品。传说，从前有位坚毅的僧人决心去西天取经。取经之路漫长艰险，足有万里！一路上全是没有人烟的荒郊野岭，时不时还有毒蛇猛兽跑出来吓人，甚至连吃的喝的都很难找到。

僧人越走越累，又饿又渴，浑身没劲儿，都快累瘫了。在最艰难的时候，他想到前面的路无穷无尽，这一刻心里也绝望了，趴在地上不能前行……就在这时，菩萨化身的向导大手一挥，神奇地在野外变幻出来一座城池，里面亭台楼阁、饮食休憩之处样样都有。就像“望梅止渴”一样，僧人心想胜利在望，便鼓起勇气，下定决心，再次前进，终于进入城中得到了休养与补给。就这样，在菩萨的鼓励下，僧人一程接着一程，克服了一难又一难，奋力前行，最终成功取得了真经。

一路上不断得到贵人相助，继续前行。

路上找到的向导衣着简陋，协助牵马。

头戴帷帽、斗笠，在山间骑马穿行。

青绿山水

山峦青翠、河流蜿蜒，行人自远而近穿行其间，好一幅可居、可游的游春图。这说明画家有意识地创作山水画，从美的角度来表现旅途。唐代青绿山水画的真迹留存极少，而这幅壁画在绘画史上具有相当重要的价值，比著名的《明皇幸蜀图》至少要早五六十年。它展示了敦煌画师高超的山水画技艺，让后人能够领略到唐代青绿山水画的独特魅力。

最困难的时候，绝望到放弃。向导在旁劝说，前面不远就是目的地。

听说胜利在望，继续骑马前进。

抵达幻城，终于取得真经。（西域风格建筑，顶部为拱券顶。）

重返中原城门，红衣人迎接。
（中式风格建筑，顶部为歇山顶。）

两人口译经文，
一人拿笔记录经文。

向帝王献经

朝堂之上帝王行赏

群山绵延，河流曲折，咫尺千里——典型
的中国山水画风格。

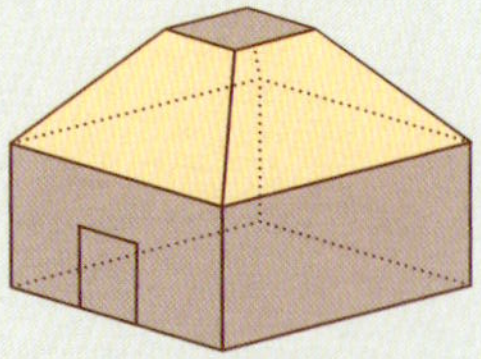

莫高窟第 217 窟
四披示意图

四披
千佛相依

藻井四周的四披绘有千佛，部分被毁。只有东披的千佛像保存较为完整。

找不同

这几尊佛像有什么不一样的地方吗？

参考答案：例如表情或背光颜色不同等。

其他三披均已不同程度脱落

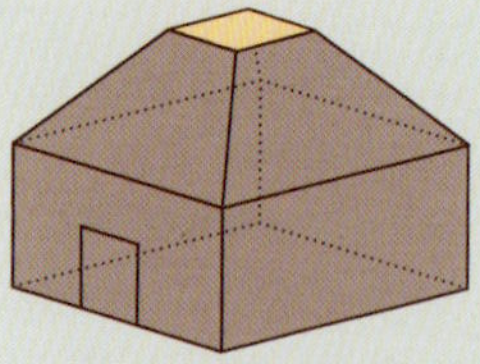

莫高窟第217窟
藻井示意图

藻井
五彩宝相花

217窟的窟顶为覆斗顶，藻井以青绿和土红为主色调。藻井中心绘制着大型的五彩宝相花。宝相花的中心是一朵三层的八瓣莲花，呈放射状绽开。方井外面的第一层是石榴卷草纹，第二层是团花纹，第三层是鱼鳞纹，最外层是三角垂幔纹，共同组成了一个四方的华盖宝顶。

1. 宝相花
2. 方形井框
3. 石榴卷草纹
4. 团花纹
5. 鱼鳞纹
6. 三角垂幔纹（顶尖上可见小小的铃铛）

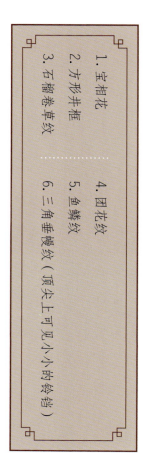

宝相花

宝相花是中国传统纹样之一，也是吉祥三宝（宝相花、摇钱树、聚宝盆）之一，盛行于隋唐。它的花形集中了莲花、牡丹的特征，中间镶嵌着形状不同、大小有别的花叶，例如桃形花瓣、碎叶形花瓣、卷云瓣等多种花瓣，寓意吉祥美满。花芯和花瓣基部的圆珠呈规则排列，就像闪闪发光的宝珠，所以叫作“宝相花”。

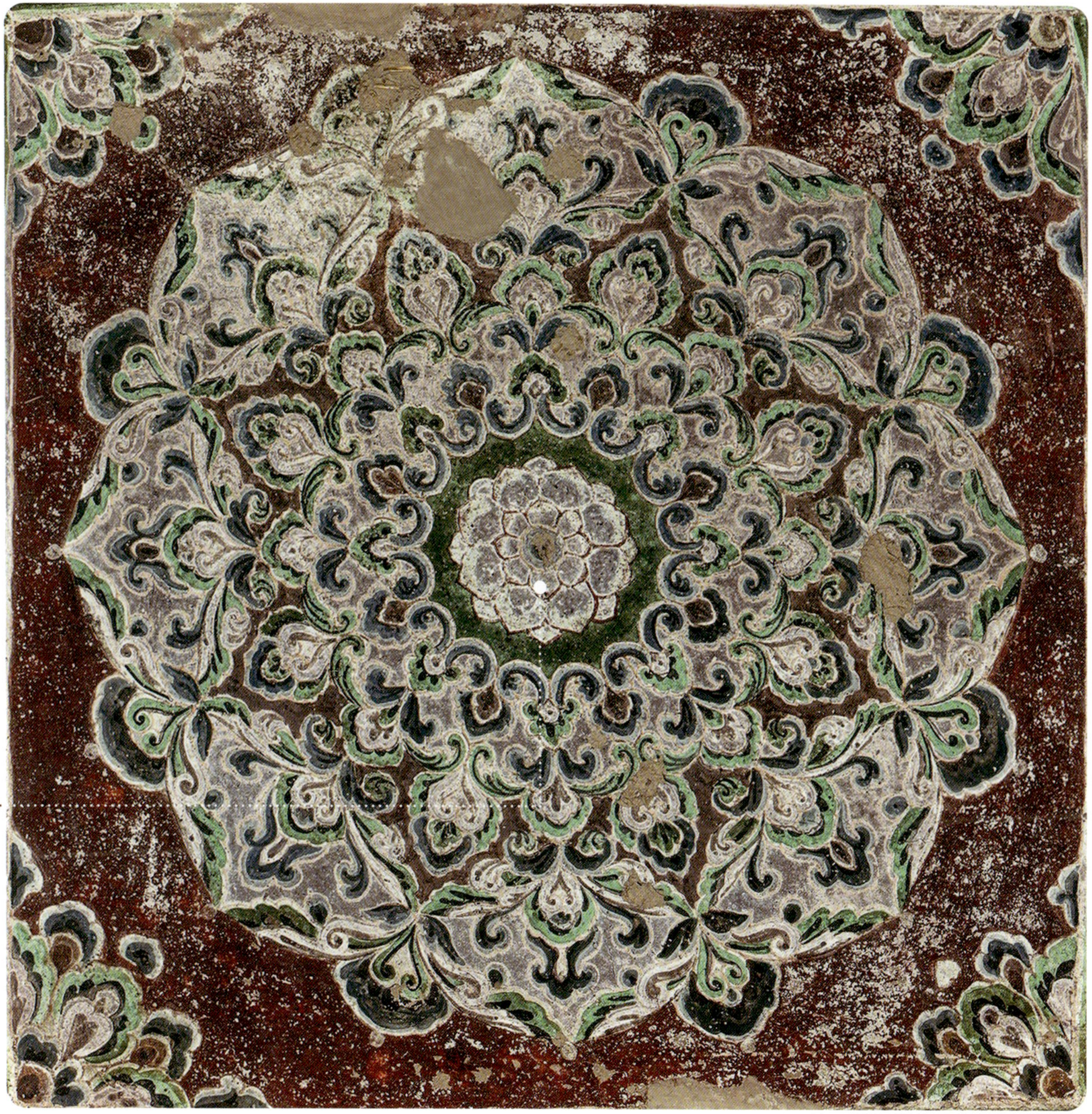

三层的八瓣莲花

鱼鳞纹

三层的八瓣莲花

团花纹

三角垂幔纹

石榴卷草纹

石榴在中国文化中通常象征着多子多福、繁荣昌盛；卷草纹象征着生机勃勃、生命绵延不绝。石榴卷草纹是对外来文化元素（如源于古埃及和两河流域的忍冬纹）进行中国化改造的结果，在唐代十分流行，体现了当时文化的开放与多元。

尊像画
佛传画
本生画
因缘画
经变画
供养画
史迹画
纹饰画

尊像画

敦煌石窟中，尊像画的数量众多，指各类佛的说法图和说法像，以及各类菩萨、佛弟子、诸天护法的画像，例如释迦牟尼佛、阿弥陀佛、弥勒佛、观音菩萨、大势至菩萨、文殊菩萨、普贤菩萨、迦叶、阿难、天王、力士等。它是敦煌石窟中出现最早、延续时间最长的壁画类型。

代表作：莫高窟第3窟《千手千眼观音菩萨》（见P034）

附录

敦煌壁画类型

甘肃省博物馆再现古代工匠在石窟里绘制壁画的场景

佛传画

佛传画描绘的是释迦牟尼佛从出生到成佛的生平故事。这些画作通过一系列连环画式的图像，展现了佛祖在世时的重要事件和生平，如降生、出家、成道等。

代表作：莫高窟第 254 窟《降魔成道》（见 P015）

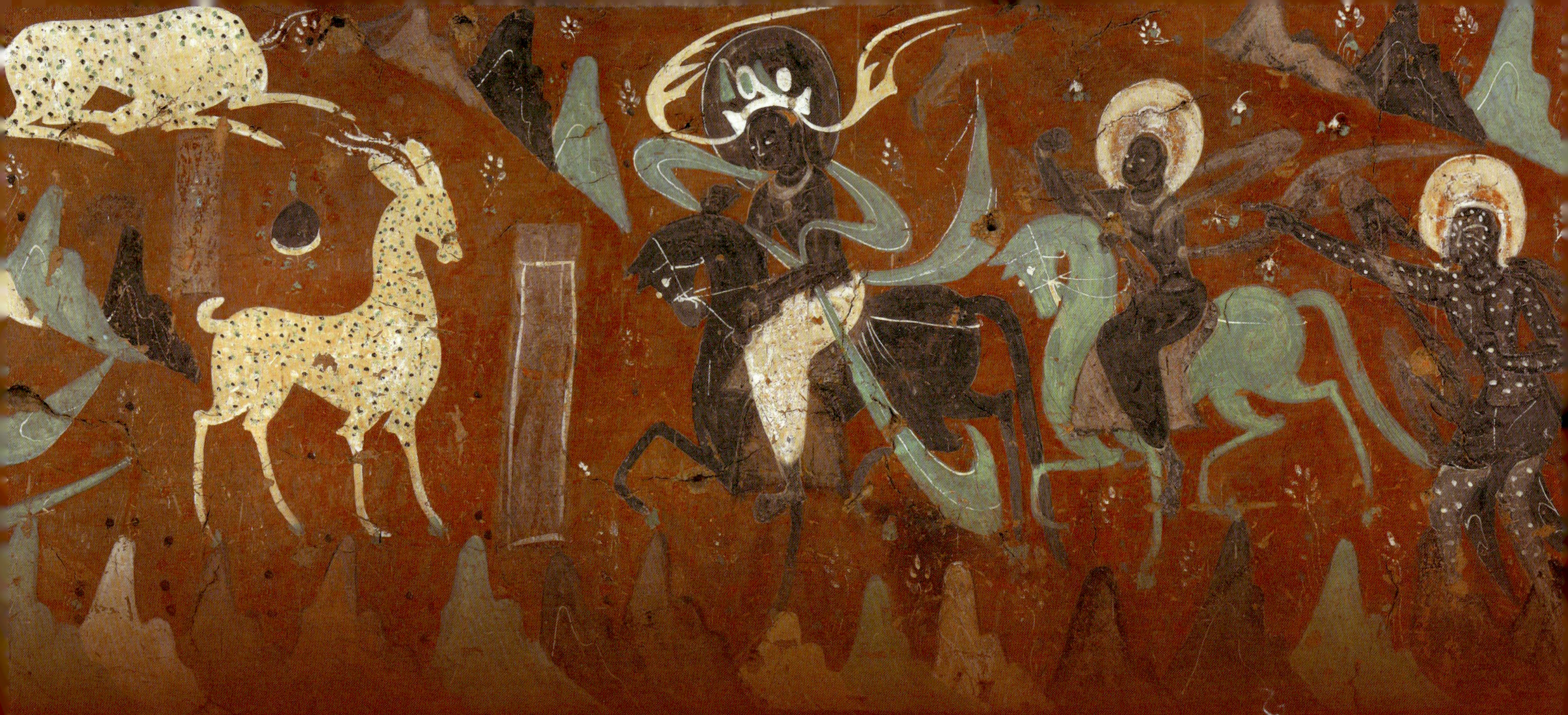

本生画

本生画描绘的是释迦牟尼在过去世的故事，展示了他为成佛所经历的无数轮回和善行。这类画作通过具体的故事情节，体现了佛祖行善积德、舍己为人的精神。

代表作：莫高窟第 257 窟《鹿王本生图》（见 P072）

因缘画

因缘画描述的是佛教中的因果报应故事，通常讲述“善有善报，恶有恶报”的道理，通过具体的故事或人物经历，展示了善行或恶行如何带来相应的结果，引导人们追求善行。

代表作：莫高窟第 217 窟《未生怨之王子宫变》（见 P227）

经变画

经变画是根据佛教经典的内容而绘制的壁画，表现的是经文中描述的场景和故事。经变画通过图像形式，将复杂的内容形象化，帮助人们理解和记忆。

代表作：莫高窟第 217 窟《观无量寿经变》（见 P213）

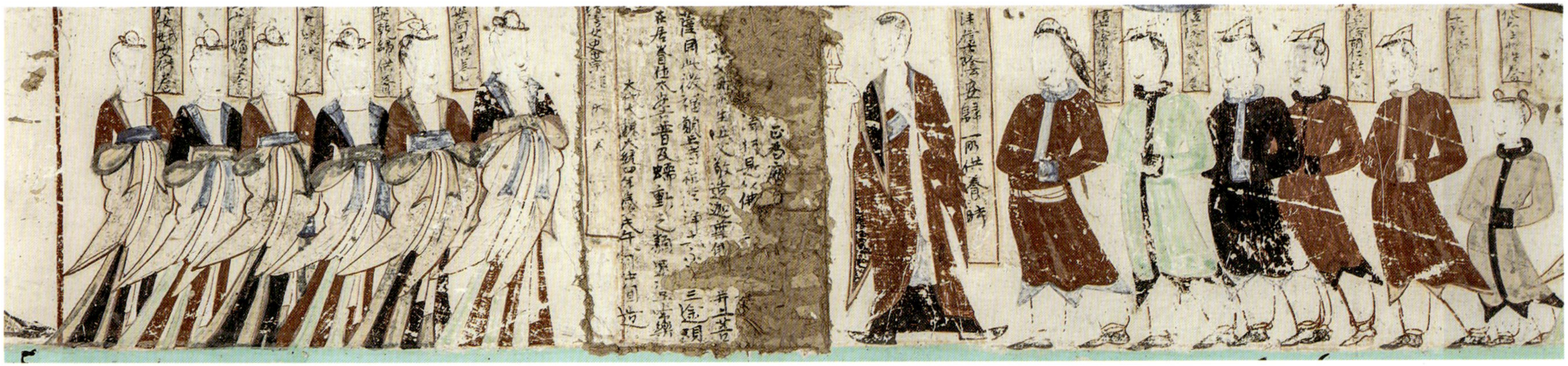

供养画

供养画分两种，一种是供养物品图，一种是供养人画。供养人画描绘的是捐资修建或装饰洞窟的贵族、官员和信徒形象。这些人物通常排列在佛像或菩萨像的下方或两侧，手持供养物品，面容虔诚。

代表作：莫高窟第 285 窟《供养人》（见 P116）

史迹画

史迹画描绘了丝绸之路上及佛教传播中不同时期的历史事件或人物事迹，帮助后人直观地了解历史背景，感受社会风貌。

代表作：莫高窟第 156 窟《张议潮统军出行图》（见 P028）

纹饰画

纹饰画描绘了用于装饰壁画、窟顶、窟壁的各种图案和纹饰。常见的纹饰有莲花、蔓藤、飞天、化生童子、狮虎、盘龙、鸟禽、狩猎、火焰、祥云、联珠、菱格等及其组合变化。这些纹饰不仅起到装饰作用，还蕴含着丰富的象征意义，如莲花象征纯洁，祥云象征吉祥，体现了敦煌艺术对细节的重视和技艺的精湛。

代表作：莫高窟第 217 窟《石榴卷草纹》《三层八瓣莲花纹》《团花纹》（见 P252-253）